오직 나만의
꿈의 명작을 그리자

와일드북

와일드북은 한국평생교육원의 출판 브랜드입니다.

오직 나만의 꿈의 명작을 그리자

초판 1쇄 인쇄 · 2019년 1월 16일
초판 1쇄 발행 · 2019년 1월 21일

지은이 · 이순희
발행인 · 유광선
발행처 · 한국평생교육원
편 집 · 장운갑
디자인 · 이종헌

주 소 · (대전) 대전광역시 유성구 도안대로589번길 13 2층
　　　　　　(서울) 서울시 서초구 반포대로 14길 30(센츄리 1차오피스텔 1107호)
전 화 · (대전) 042-533-9333 / (서울) 02-597-2228
팩 스 · (대전) 0505-403-3331 / (서울) 02-597-2229

등록번호 · 제2015-30호
이메일 · klec2228@gmail.com

ISBN 979-11-88393-11-4 (13190)
책값은 책표지 뒤에 있습니다.
잘못되거나 파본된 책은 구입하신 서점에서 교환해 드립니다.

이 도서의 국립중앙도서관 출판예정도서목록(CIP)은 서지정보유통지원시스템 홈페이지
(http://seoji.nl.go.kr)와 국가자료공동목록시스템(http://www.nl.go.kr/kolisnet)에서 이
용하실 수 있습니다.(CIP제어번호: CIP2019000309)

오직 나만의
꿈의 명작을 그리자

이순희 지음 ●---

와일드북

간절함이 없다면 성공할 수 없다

성공하는 사람은 자신의 삶을 소중히 여기며 열정을 가지고 날마다 성실하게 일한다. 때문에 일을 할 때도 힘든 줄을 모르고 즐겁고 행복하게 일할 수 있고, 이렇게 열심히 일한 결과 꿈을 이루어 성공과 부를 거머쥐게 되는 것이다.

아울러 성공한 사람들은 성공에 대한 절박한 마음을 가졌던 사람들이다. 그런 간절한 마음이 없다면 결코 성공할 수 없다. 이 간절함은 곧 열정을 불러일으키는 요인으로 작용하게 되며, 이 열정이야말로 목숨을 걸고 도전하는 삶을 살게 되는 것이다.

우리 역시 비록 현실이 힘들고 지칠지라도 꿈이 이끄는 삶을 살아가야 하며 열정적으로 자신만의 꿈을 그려야 한다. 그 꿈은 오직 자신이 만들어가야만 하는 것이다.

이제라도 자신의 인생을 바꿔줄 드림리스트와 드림보드를 만들어 날마다 상상하며 외치면서 실행으로 옮길 때, 찬란한 미래와 행복한 삶이 주어질 것이다.

　필자에게는 오빠들이 있었지만 홍역과 돌림병으로 한 해에 모두 세상을 떠났다고 했다. 그리하여 어머니는 오빠들을 잃은 슬픔을 가누지 못해 건강이 좋지 않았고 아버지 또한 아들을 잃은 책임이 어머니에게 있는 양 술만 마시면 악담을 하고 큰 소리로 집안을 들쑤셔놓았기에 단 하루도 편한 날이 없었다.

　그리고 당시에는 시골에서 여자들은 중학교도 보내지 않는 시절이었지만 필자는 열심히 공부하며 꿈을 키워나갔다. 그러한 아픔의 날들이 오히려 힘들고 어려운 현실을 헤쳐 나가게 하는 큰 힘이 되었고 나를 성장시키는 계기가 되었다. 그리하여 여전히 또 다른 새로운 꿈을 꾸고 있다.

　도시에서 약간 떨어진 곳에서 힐링센터를 운영하는 것이다.

　과일 나무 몇 그루와 예쁜 잔디밭, 작은 텃밭을 일구며 계곡에서 흐르는 물소리와 지저귀는 새소리를 듣고 싶다. 아름답게 피고 지는 꽃 속에 묻혀 미루어왔던 책을 읽으며 그 글을 쓴 이들의 마음을 나누고 싶다.

　그뿐이랴, 내가 쓴 글을 통해 수많은 독자들을 만나고 내 이야기와 그들의 이야기를 더하고 싶다. 아울러 강의를 통해서 행복과 성공, 건강과 꿈을 나누며 사는 것도 의미 있지 않을까 싶다.

　그리고 현실의 고달픈 삶에 지친 이들을 위로하며 치유하는 생활건강관리사로 최선을 다할 것이다.

비록 보잘것없는 글이라 할지라도 이 책이 또 다른 밝은 내일을 가져다 줄 것이라 믿어 의심치 않는다.

끝으로 이 책이 나오기까지 물심양면으로 도움을 주신 조경애 코치님께 감사를 드린다. 그동안 세심하게 지도하고 배려해주셔서 내 소중한 경험들을 책으로 펴낼 수 있었다.

2019년 첫 달에
용현 하늘채에서, 꿈과 행복의 디자이너 이순희

3장 세상은 나의 행동을 기다리고 있다

4장 틀을 깨고 상상하자, 꿈은 현실이 된다

5장 오직 나만의 꿈의 명작을 그리자

SUCCESS STORY

1장

나는 꿈을 꾼다,
그러므로 존재한다

(01)
나는 꿈을 꾼다, 그러므로 존재한다

　미국의 신화적인 사업가 헨리 존 카이저는 집안이 가난해서 열세 살에 학교를 중퇴하고 사진관에서 열심히 심부름이나 하면서 사진사가 되려고 생각했다.

　그러나 이후 후버 댐을 건설하였고, 샌프란시스코에 크고 긴 다리를 놓기도 했다. 또한 하와이에 휴양지 공사도 했다. 그는 불가능을 가능케 한 꿈의 사람이었다. 주위 사람들은 "너무 무식해서 무조건 덤벼든다."고 비난했지만, 그는 오히려 "내가 왜 무식한가, 오히려 당신들이 무식한 것이다."라고 반박했다.

　우리 모두는 일상의 노예가 되어서 그럭저럭 살아가는 사람이 되지 말고 더 나은 내일을 향해 큰 꿈을 가지고 도전하여 성공을 가져오는 사람이 되어야 한다. 현실에 주저앉아서는 먼 곳, 높은 곳을 바라볼 수가 없다. 이제 더 이상 편안함 속에서 안주하지 말고 새로운 멋진 꿈을 꾸어야 한다.

　나는 언니와 열다섯 살이나 차이가 났고 언니 밑으로는 세 살 터울로 오빠들이 있었지만 홍역과 돌림병으로 한 해에 모두 세상을 떠났다고 했다. 그리하여 언니는 당시로서는 노처녀 소리를 듣던 24세의 나이에 결혼을 했다.

　엄마는 오빠들을 잃은 슬픔을 가누지 못해 건강이 좋지 않았고 아버지 또한 아들을 잃은 책임이 엄마에게 있는 양 술만 마시면 악담을 하고 큰 소리로 집안을 들쑤셔놓았기에 단 하루도 편한 날이 없었다.

　초등학교 고학년이 되고부터는 엄마를 도와 집안 살림을 해야만 했지만 아들이 있는 집들이 너무도 부럽기 그지없었다. 그러던 어느 날, 아는 언니의 권유로 교회를 다니게 되었다. 특별한 놀이시설도 없었고 교회에 가면 선생님과 목사님이 예뻐해 주셨기에 더 열심히 나갔고 기도하는 법도 배우게 되었다.

　나는 엄마가 건강하게 해달라고 기도했고 남동생도 있었으면 좋겠다고 기도했다. 그 간절한 기도를 들어주셨는지 이후 엄마는 건강해지셨고 막내둥이 남동생이 태어났던 것이다. 항상 암흑같이 우울하기만 했던 우리 집은 이제 그야말로 사람 사는 집같이 화목한 가정으로 바뀌었다.

　당시 시골에서 여자들은 중학교도 보내지 않는 시절이었지만 나는 열심히 공부하며 교회를 다녔고 밤마다 하늘의 별들을 바라보며 꿈을 키워나갔다.

　사람들은 누구나 할 것 없이 바쁜 삶을 살아가면서 꿈을 잊어버리고 있다.

　따라서 나는 꿈을 잊지 않기 위해 부단히 노력했고 병원에서 근무하면서도 동생과 함께 양장점을 운영하게 되었다.

　당시는 현재처럼 옷을 사서 입지 않고 누구나 옷을 맞추어서 입었기 때문에 그런대로 수입도 괜찮았거니와 나는 이미 20대에 사장이 되었지만 외국에 나갈 일이 있어 양장점은 디자이너로 있는 동생한테 맡겨놓았다.

　외국에서 돌아온 후 더 큰 돈을 벌기 위해 양장점을 확장이전하려 했지만 여의치 않아 또다시 시립병원의 간호사로 일하게 되었다.

　그러나 육신만을 치료하는 간호사보다는 영혼과 육체를 함께 치료하는 목회자가 되고 싶었기에 보건소를 다니면서도 야간에는 신학공부를 하게 되었고 이때부터 밤낮을 가리지 않고 목표를 향해서 앞만 보고 달렸다.

　당시 사람들은 보건소에 와서 줄을 서서 주사를 맞았기에 낮에는 종일 간염주사를 놓았고, 퇴근 후에는 학교에 갔다가 밤늦게 돌아와 숙제와 시험공부를 하다 보니 어린 딸에게 너무도 미안하기 그지없었다.

　한참 같이 있어 사랑해주어야 할 나이에 그렇게 하지 못한 것이 지금까지도 정말 마음이 너무 아프다. 오죽하면 딸이 나에게 '왜 그렇게 열심히 공부하느냐.'고 물으면 '박사가 되려고 한다.'니까 제대로 발음하지 못하면서도 "박사는 무서워." 하고 더듬거리던 기억이 난다. 그래서 시간만 되면 같이 갈 수 있는 곳이면 데리고 다녔으니 얼마나 힘들었을까 생각하면 지금도 가슴을 부여잡고 소리 없이 눈물을 훔치고는 한다.

누군가 "꿈을, 아주 큰 꿈을 가지시오." 하고 말하면 "그 배부른 소리 집어치우시오. 오늘 당장 먹고 살기도 바쁜데, 뭐! 꿈? 그것도 큰 꿈을 가지라고?" 하며 반박하는 사람들이 대부분이다.

그러나 현실이 고통스럽고 비참할수록 더욱 꿈꾸는 자가 되어야 한다. 언제까지나 현실만 바라보고 주저앉아 있을 수는 없지 않은가!

오랫동안 직업 컨설팅을 해오고 있는 한 지인이 의미심장한 말을 했다.

"내가 오랫동안 이 일을 하면서 느끼는 게 있어. 치솟는 청년실업률이나 생활 유지의 압박보다도 안타까운 게 뭔 줄 알아? 정말 많은 청년들이 자신이 원하는 삶이 무엇인지 모르고 있다는 거야. 자기가 무엇을 좋아하고, 싫어하는지도 잘 모르는 것 같아. 뭔가를 얻어야 하겠다거나 어떠한 일을 해보고 싶다 하는 것도 없이 오늘도 어제처럼, 내일도 오늘처럼 아무런 의욕도 꿈도 없이 별다른 노력도 없이 살고 있다니까."

정말 이 세상에 살면서 어떠한 삶을 살기를 원하는 것일까!

성공하는 인생을 살기 원한다면 가장 먼저 무엇을 해야 할까를 고민해야 한다. 내가 원하는 미래는 무엇인가를 생각도 하지 않고 하루하루 보내는 사람들이 거의 대부분이다.

꿈을 꾸고 이루어가는 사람에게는 꿈이 현실이 되지만, 그렇지 않은 사람에게는 그야말로 꿈에 불과한 것이다.

많은 사람들은 꿈 이야기를 하면 "꿈같은 이야기 하고 있네." 하며 비웃기도 한다.

그러나 필자는 인생을 살아오면서 여러 가지 힘든 상황에서도 항상 꿈을 갖고 살아온 것이 얼마나 감사한지 모른다. 아픔의 날들이 오히려 힘들고 어려운 현실을 헤쳐 나가게 하는 큰 힘이 되었고 나를 성장시키는 계기가 되었다.

요즈음 나는 여전히 또 다른 새로운 꿈을 꾸고 있다.

도시에서 약간 떨어진 곳에서 힐링센터를 하는 것이 꿈이다. 과일나무 몇 그루와 예쁜 잔디밭, 텃밭을 일구며 계곡에서 흐르는 물소리와 지저귀는 새소리를 듣고 싶다. 또한 아름답게 피고 지는 꽃 속에서 많은 책을 읽으며 수많은 저자들과 만나고 배우며, 꿈을 꾸며 살아가고 싶다.

뿐만 아니라 내가 원하는 책을 쓰고 수많은 독자들을 만나 미래의 멋진 인생을 나누고 싶다. 그리고 강의를 통해서 행복과 성공, 건강과 꿈을 나누며 의미 있는 삶을 살 것이다.

꿈이 없이 현실만을 바라보며 살아 왔기에 고달픈 삶 속에서 건강도 잃고 피곤하고 지쳐 있는 사람들이 많이 있다. 그들을 위로하고 치유하는 생활건강관리사로 일하는 것을 생명이 다하는 순간까지 해나갈 것이다.

'꿈에게 기회를 주지 않는다면 꿈도 당신에게 기회를 주지 않는다'의 저자 박명숙은 어린 시절 가난하게 자랐고 가족들의 반대에도 불구하고 충남대학교 간호학과를 졸업했다. 그리고 마침내 30대 중반에는 음대 성악과도 졸업했다. 게다가 대학 졸업 후 18년 만에 미국 간호사 자격증을 취득해, 취업이민으로 미국의 여러 의료기관에서 간호사로 근무했고 현재는 예일 대학교 병원, 수술실 간호사로 근무하고 있다.

이처럼 그녀는 자신의 삶을 통해 많은 이들에게 차근차근 꿈을 이루어갈 수 있음을 보여주고 있다.

나 자신도 지금 이 자리에 머물지 않고 더 나은 삶을 위해 열심히 노력하고 있다.

자신의 처지가 어렵고 힘들더라도 슬퍼하지 말고 어려움을 극복할 수 있는 방법을 찾아보고 조금씩만 힘을 내어보자. 언제까지나 눈보라치는 날만 오는 것이 아니다. 꿈을 가지고 하나하나 어려움을 이겨 나가다 보면 기쁨의 날은 반드시 오게 되는 것이다.

나는 꿈을 꾼다, 그러므로 존재한다.

현실에 쫓겨 꿈을 잃은 사람은 절대로 성공할 수 없다. 꿈을 꾸며 계속 상상하고 나아가는 사람만이 성공을 가져 올 수 있다. 마음에 품지 않은 꿈은 현실로 나타나지 않는다. 꿈을 꾸지 않으면 좋은 일은 결코 일어나지 않는 것이다.

(02)
나만의 빅 피처를 그리자

　한국경제가 저성장 시대로 접어들면서 내수시장이 침체되고 경기 침체의 골이 깊어졌다. 통계청이 발표한 2016년 12월 연간 고용동향에 의하면 실업자 수가 101만 2천 명이라고 발표했다. 그마저도 임금노동자의 3분의 1인 630만 명이 비정규직이다.

　지금의 청년세대들은 정규직보다 비정규직으로 살아가는 인생으로 전락한 것이다. 그렇다고 정규직도 안전하다고볼 수 없고 절대 안심을 해서는 안 된다.

　인생에서 최대의 비극은 많은 사람들이 자기가 진정으로 하고 싶은 일이 무엇인지 알지 못하고 있다는 사실이다. 단지 월급 받는 것에 얽매여서 하루하루를 마지못해서 살아간다.

　우리는 인생을 살아가는 모습에서 두 가지로 생각해볼 수 있다. 냉혹하고 비인간적인 현실이고, 꿈과 환상의 세계이다.

직접 보고 들은 것만 믿는 사람은 꿈을 믿지 않는다. 하지만 인생에서 꿈의 역할은 대단하다. 인생을 풍요롭게 만들어주는 자신의 가슴속에 싹터 자라고 있는 꿈이 있는지 살펴보자.

아주 적은 성공에 안주하는 사람이 많다는 것을 볼 수 있다.

"나는 가방끈이 짧아, 내 능력으로 이만큼 성공했으면 대단한 거야. 내 한계는 여기까지야. 지금보다 잘되기는 힘들어."라고 말한다.

현실에 만족하지도 못하지만 더 큰 꿈을 갖고 도전하려고 생각하지 않고 살아가는 것이다.

나와 이름이 한자까지도 똑같은 이순희 작가를 봉숭아학당이라는 모임에서 만난 적이 있다. 나보다 두 살이 더 많은 72세의 나이에 박사코스를 밟고 있다고 하였다.

초등학교를 나와 동대문에서 스카프 장사를 오랫동안 해서 많은 돈을 벌었다고 한다. 그분은 63세에 중, 고 검정고시에 합격, 학사, 석사, 박사입학에 합격했다. 주위에서 못 한다고 모두 반대했지만 해내고야 말았다. 목숨을 건 사투를 했기 때문이다.

《나는 동대문에서 장사의 모든 것을 배웠다》라는 책을 출간하면서 강의까지 나가고 있다.

간절한 꿈이 있었고 이루고자 하는 열망을 가지고 노력한 결과 초등학교 출신으로 교수의 꿈을 이루었던 것이다.

누구든지 꿈을 갖고 행동으로 옮기면 인생역전을 가져올 수 있다. 어차피 한 번밖에 못사는 인생인데 나도 한번 멋있게 잘살아 보자는 마음을 갖고 도전해보자. 나이는 단지 숫자에 불과하다. 나이에 상관없이 꿈을 꾸어야 한다.

모든 꿈은 반드시 이루어져 현실이 된다. 나도 할 수 있다는 긍정적인 마음을 갖고 꼭 해보겠다는 생각을 행동으로 옮긴다면 세상에 안 되는 일은 없다.

자신의 꿈은 가슴속에 담겨 있는 희망으로부터 생긴다. 그 꿈을 이룰 수 있는 사람은 자신뿐이다. 꿈을 도피처로 생각하는 사람이 있지만 현실의 어려움을 뛰어넘을 수 있는 디딤돌이 될 수도 있다. 끊임없이 꿈을 꾸고 이루고자 열심히 노력하는 자만이 진정한 행복을 얻게 된다.

주위의 기대와 시선에 신경 쓰지 말고 자신이 진정으로 원하는 삶을 꿈꾸어 보자.

세상에 쉬운 일은 하나도 없지만 그렇다고 못 할 일도 없다. 주변 사람들이 반대해도 자신감을 가지고 나의 인생을 아름다운 그림으로 그려보도록 하자. 행복은 하늘에서 금방 떨어지는 것이 아니고, 땅에서 솟아나는 것이 아니라 돼지 저금통에 동전처럼 쌓아가는 것이다.

존 가드너는 〈자기혁신〉이라는 책에서 "성공하는 사람은 자신의 잠재력을 개발할 기회를 놓치지 않는다."라고 이야기하고 있다.

벤저민 프랭클린도 이렇게 말했다.

"지갑을 털어 머릿속에 집어넣으면 누구도 그것을 훔쳐 갈 수 없다."

한 분야에서 크게 성공한 사람을 만나 성공담이나 조언을 듣는 것도 매우 중요하다. 무수한 고난과 시련, 실패와 좌절의 터널을 통과했기 때문에 얼마든지 도움을 줄 수 있다. 특별한 에너지가 생각과 생활을 새롭게 변화시켜 줄 수 있기 때문이다.

많은 사람들이 아르바이트 같은 직장에 목숨 걸고 일을 한다. 그러나 이제는 아르바이트 같은 직장에 목숨 걸지 말고 자신의 미래를 위해 목숨을 걸어야 한다.

후회 없는 인생을 살기 위해서는 무엇을 해야 하는지 정확히 알아야 한다. 원하는 삶을 살고 싶다면 잘하는 것을 찾아야 한다.

만약 잘하는 것이 없다면 좋아하는 것을 찾으면 되는 것이다. 이제는 더 이상 눈치만 보다가 밀려나는 인생을 살아서는 안 된다. 직장이 인생의 전부인 것처럼 느껴지지만 더 멀리 볼 수 있어야 한다. 자신이 잘할 수 있고 좋아하는 것으로 자신을 알릴 수 있는 무기를 만들어야 한다.

애플사의 창업자 스티브 잡스, 투자의 귀재 워런 버핏, 백신개발자 안철수, 아트스피치 김미경, 달인 김병만 등처럼 자신들이 잘하는 것을 브랜딩시켜야 된다.

이제는 직장에만 목을 매던 시기는 지났다. 자신의 5년 후, 10년 후의 미래를 그려야 한다.

자신이 가장 하고 싶은 일이 무엇인지를 잘 알고 있느냐, 모르느냐의 차이로 인생이 달라질 수 있다. 자신이 이루고 싶은 꿈을 종이에 적어 보기로 하자. 인생이라는 망망대해에서 꿈은 항해도가 되어 나아갈 방향을 일러줄 것이다.

에디슨은 "자신의 목표를 향해 끝없이 전진하는 사람에게는 온 세상이 길을 내어줄 것이다."라고 말했다. 정말 가슴에 와 닿는 말이다.

"뜻이 있는 곳에 길이 있다."는 속담이 있다. 뜻이 있다면 반드시 길은 있다. 뚜렷한 목표가 있으면 동기부여가 되어 잠재력이 발휘된다. 이 힘은 끊임없이 목표를 향해 뛸 수 있는 원동력이 된다. 과정에 어려움은 있을 수 있지만 언젠가는 반드시 성공할 수 있다는 사실이다.

사람들은 살면서 미래를 알 수 없기 때문에 불안을 느끼면서 살아가고 있다.

청년들은 취업이 될 수 있을지, 직장인은 실직되지 않을까, 자영업자는 창업을 성공적으로 이끌어 갈지 모두가 걱정하며 살아간다. 따라서 미래가 암울하다면 자신만의 스펙을 만들지 않으면 안 된다.

지금의 시대는 열심히만 일해서 되는 것이 아니다. 누구도 대체할 수 없는 자신만의 무기로 퍼스널 브랜딩시켜야 된다.

성공한 사람들이 책을 써왔지만 이제는 성공한 사람뿐 아니라 퍼스널 브랜딩을 꿈꾸는 다양한 사람들이 책을 쓰고 있다.

성공한 사람들은 특별해서 성공하는 것이 아니다. 그들은 자신이 좋아하고 잘하는 것을 선택한 보통의 사람들이다. 성공하는 사람들은 자신이 좋아하고 잘하는 것에 집중해 도전했으며 자신을 브랜딩할 수 있었다.

이어령 교수는 "우리가 아이들에게 가르쳐 주어야 할 것은 바로 로봇과 컴퓨터가 못 하는 일이다. 생각하고 느끼는 일, 독창적인 아이디어와 풍부한 상상력을 갖게 해 주는 것이다."라고 말했다.

꿈이 없이 살아가는 사람이 너무 많다.

꿈을 가진 사람은 매일 아침, 당장 달려가고 싶은 마음으로 잠에서 깨어날 수 있다. 좋아하는 일에 뜨거운 열정으로 몰두하게 된다. 또한 가지고 있는 모든 것을 이끌어내어 최고의 삶을 살려고 최선을 다한다. 세상을 다 가진 사람처럼 늘 여유 있는 모습으로 기쁘게 살아간다.

세계를 이끌어 가는 나만의 큰 꿈을 가져보자. 더 큰 성공이 지금 기다리고 있다. 큰 꿈을 품으면 큰 인생이 펼쳐진다. 큰 꿈을 가지고 이루는 그날까지 집중해서 앞을 향해 전진하자.

"뜻이 있는 곳에 길이 있다."는 속담이 있다. 뜻이 있다면 반드시 길은 있다. 뚜렷한 목표가 있으면 동기부여가 되어 잠재력이 발휘된다. 이 힘은 끊임없이 목표를 향해 뛸 수 있는 원동력이 된다. 과정에 어려움은 있을 수 있지만 언젠가는 반드시 성공할 수 있다는 사실이다.

꿈의 크기가 성공의 크기를 결정한다

분야를 막론하고 성공에 필요한 조건이 있다.

큰일을 해내고자 하는 사람에게 반드시 필요한 것이 바로 야심이다.

사람의 운명은 그 사람 마음속의 간절한 바람에 의해 얼마든지 바뀔 수 있다. 즉, 한 사람이 인생의 최고점에 설 수 있느냐 없느냐는 야심의 유무에 따라 결정된다고 할 것이다.

성공의 정도 또한 야심의 크기에 따라 달라진다고 할 수 있다.

그들은 언제나 야심만만하며, '언젠가는 대통령이 될 거야.', '난 세계 최대 기업의 CEO가 될 수 있어.'라며 자신의 야심을 꺼리지 않고 드러낸다.

미국의 전 대통령 케네디는 이런 말을 농담조로 자주 했다.

"내가 보기에는 나는 대통령이 되는 것 말고는 할 줄 아는 게 아무것도 없는 것 같아."

이는 일인자를 향한 그의 야심과 자신감의 표현이기도 했다. 야심을 통해 성공한 사람은 케네디뿐만이 아니다.

1949년의 어느 날, 한 젊은이가 미국의 제너럴모터스에 면접을 보러갔었다.

"지금 회사에 빈자리는 단 하나입니다. 매우 중요한 자리라 경쟁도 치열하고 신입이라 안 되겠습니다."

그러자 그 젊은이는 면접관을 향해 이렇게 말했다.

"아무리 복잡하고 까다로운 일이라도 감당할 수 있습니다. 저는 앞으로 제너럴모터스의 회장이 될 사람이니까요. 한번 지켜보시죠."

그는 매우 결연하게 말을 했고 자신감이 넘치는 미소를 본 면접관은 그에게 인턴의 기회를 주기로 했다.

젊은이는 주어진 일을 척척 해나가며 자신의 능력을 발휘해 나갔다. 그러자 경영진은 그에게 해외 자회사의 현황을 평가해 보고서를 제출하라는 임무를 주었다.

32년 후 그 젊은이는 정말로 제너럴모터스의 회장이 되었다.

그가 바로 로저 스미스이다.

로저 스미스는 남들은 불가능하다고 생각하는 것들을 현실로 만들고 말았다.

이는 자신만의 확고한 인생계획과 꿈틀대는 야심을 가지고 마음속 깊은 곳에서부터 평범하기를 거부했었기에 가능한 일이었다.

로저 스미스처럼 자신이 꿈꾸던 자리에 오르길 원한다면 야심을 바로 세우는 것이다. 추구하는 목표와 반드시 해내고야 말겠다는 의지가 있을 때 전력질주를 할 수 있다.

우리 속에서 용솟음치는 열정의 크기에 따라 성공의 크기가 달라질 수 있다.

세상에는 어떤 일을 하든 간에 성공하는 사람과 성공하지 못하는 사람이 있다. 결정적인 열쇠가 있는데 이는 바로 인격이라 말할 수 있다.

그 사람의 인격은 기량의 크기와 자신감의 차이이다.

사람은 그릇의 크기 이상으로 크지 못한다. 성공하는지 아닌지를 결정짓는 열쇠는 그 사람의 그릇의 크기에 달려 있다.

마음속에서 나약하게 그려진 계획은 마치 플러그가 빠져 가동되지 못하는 엔진과 같다고 볼 수 있다. 그렇기 때문에 희망과 자신감을 폭발시킬 수 없고 늘 제자리걸음만 하고 있는 것이다.

커다란 성공을 이룬 사람은 그릇이 큰 사람이므로 매사에 적극적이고 실천에 옮긴다. 성공한 사람들의 특징은 항상 잘될 것이라는 강한 확신을 가지고 있다.

현실이 고통스럽고 비참할수록 더욱 꿈꾸는 자가 되어야 한다. 확신에 가득 차 있을 때 요동치 않고 꿈을 향해 달려 갈수 있고 큰 꿈을 이루어낼 수 있다.

"네 입을 넓게 열라, 내가 채우리라."(시81:10)는 성경 말씀은 나에게 항상 마음이 뜨거워지게 하며, 큰 꿈을 갖도록 한다.

현실만 바라보고 큰 꿈을 꾸지 못하고 원망과 불평 가운데 있기만 하면 안 된다. 과거의 틀에서 벗어나 변하여 새로운 일을 해야 한다.

좁은 생각을 버리고 원대한 비전을 품어야 기회를 놓치지 않게 된다.

승리의 기쁨, 축복과 희망, 긍정적이고 순수하고 멋진 생각을 항상 품어야 한다.

가장 위대한 일은 우리의 꿈속에 들어 있다.

지금까지의 모든 위인들은 그들이 꾸었던 꿈대로 되었다.

최선의 것은 아직 이루어지지 않았다고 믿는 사람만이 큰 꿈을 꿀 수 있다.

이미 이루어 놓은 일보다 더 큰 꿈을 과감하게 꾸어야 한다. 더 큰 꿈을 꾸기만 한다면 얼마든지 더 위대한 큰일들이 우리 앞에 멋지게 펼쳐질 것이다. 조그만 꿈같은 것은 꿀 필요가 없다. 그런 것으로 인해 열정이 끓어 오르지 않기 때문이다.

일을 할 때에는 원대한 계획을 세우고, 소망을 가질 때에는 목표를 최대한으로 높이 끌어올려야 한다.

꿈을 꾸지 않으면 아무 일도 일어나지 않는다.

그리고 많은 사람들은 너무나 꿈을 쉽게 포기한다. 조금도 기다리지 못하고 언제나 너무 빨리 그만둬 버리고 만다.

꿈은 반드시 실현되며, 이루어지기 위해 존재하는 것이 바로 꿈이다. 아기를 잉태한 사람이 때가 차면 아기를 낳는 것처럼, 우리의 가진 꿈도 때가 되면 그 꿈이 태어나게 된다. 절대 단념하지 말고 조급해서도 안 된다. 모든 일에 여유를 가져야 한다. 마음에 여유가 있을 때 모든 일이 더 잘되는 법이다.

어떤 이는 인생을 항해에 비유하기도 한다.

맞다. 어차피 고기를 잡으러 넓은 대양에 나갔다면 큰 고기를 많이 잡아야 할 것이다. 큰 바다에 가서 멸치 한두 마리만 잡고 만족하며 춤을 추는 사람은 세상에 한 사람도 없다. 큰 고기를 잡으려면 큰 배를 타고 나간다. 고래를 잡으러 가면서 작은 조각배를 타고 가는 사람이 어디 있겠는가!

꿈을 품었다면 그 꿈을 성취하기 위해 냉정한 마음을 가지고 매진해 나가야 한다. 돈과 재능, 모든 시간을 그 꿈을 이루기 위해 집중적으로 투입해야 된다. 꿈을 이루는 데 생활전반에 걸쳐 재점검하고 모든 것을 적절히 조절해야 한다.

큰 꿈을 이루기 위해서는 자기 발전을 위해 끊임없이 투자해야 한다. 또한 철저한 자기관리에 신중을 기하지 않으면 안 된다.

올바른 방향을 마음에 새기고 그 방향으로 끝까지 나아가야 한다. 혹시 상황이 어려울지라도 주저앉지 말아야 한다. 부정적인 환경을 떠나 절망이 아닌, 승리의 분위기가 넘치는 곳으로 가야 된다. 걱정, 근심은 저 멀리 던져버리고 꿈꿀 수 있는 곳을 찾아가야 한다.

큰 꿈을 이루기 위해서 힘을 얻을 수 있는 곳이라면 어디라도 좋다. 지혜로운 자와 사귀면 지혜를 얻는 것처럼, 성공한 사람과 함께

하면 머지않아 성공을 얻게 된다.

성공한 사람의 비전은 전염성이 강해 금방 우리의 마음을 뜨겁게 만들어 버린다. 승리의 분위기에 머물면 오래지 않아 승리의 이미지를 얻을 수 있다. 암탉과 함께 모이를 쪼고 있는 한, 독수리와 함께 하늘을 높이 오를 수는 없다.

작은 꿈과 기대를 가진 사람은 작은 복밖에 받지 못한다. 현재에 안주하면 인생에 중요한 기회가 와도 놓치게 된다. 조금만 마음을 열고 한 걸음 나아가서 새로운 일을 받아들여야 한다. 자신의 조그만 우물에 갇혀 시시한 것에 만족하지 말고 나와야 한다.

낮은 수준의 삶과 비좁은 사고의 틀에서 나와야 한다. 지금보다 한 발짝만 더 나아가자. 조금만 더 큰 꿈을 꾸자.

꿈의 크기가 성공의 크기를 결정한다. 큰 꿈을 품으면 큰 인생이 펼쳐지고, 작은 꿈을 꾸면 작은 인생이 펼쳐지게 될 수밖에 없다.

꿈을 가지고 도전할수록 욕망은 더욱 커지는 법이다. 그렇기 때문에 작은 꿈을 가질 것이 아니라 큰 꿈을 가져야 한다. 누구나 이룰 수 있는 작은 꿈은 꿈이라고 할 수 없다. 최대한 자신의 가능성을 발휘할 수 있는 큰 꿈을 가져야 한다. 인생을 살아가면서 큰 비전을 가지고 큰 그림을 그려야 거기에 맞는 구체적인 행동의 조각들을 맞추어갈 수 있게 된다.

빌게이츠는 "큰 비전을 가지고 있었기 때문"이라고 자신이 성공하게 된 이유를 말했다. 이와 같이 운명은 큰 뜻을 품은 자에게만 미소를 지으며 멋진 성공을 가져다준다.

꿈의 크기가 성공의 크기를 결정한다. 큰 꿈을 품으면 큰 인생이 펼쳐지고, 작은 꿈을 꾸면 작은 인생이 펼쳐지게 될 수밖에 없다.
꿈을 가지고 도전할수록 욕망은 더욱 커지는 법이다. 그렇기 때문에 작은 꿈을 가질 것이 아니라 큰 꿈을 가져야 한다.

04
꿈이 있는 사람은 오늘 하루가 다르다

"꿈을 꿀 수 있다면, 그 꿈을 이룰 수 있습니다."

이는 월트 디즈니가 한 말이다.

험난한 세상을 살아가려면 앞만 보고 달릴 것이 아니라 잠시 자신을 한번 돌아보자. 자신의 꿈이 무엇인지, 꿈을 잊고 사는 것은 아닌지, 새로운 나의 꿈은 무엇인지를 생각해보자.

꿈이 없는 삶은 어딘가 부족하고 공허하다. 꿈이 없으니 자신이 원하는 바를 모르고, 자신이 어느 방향으로 나아가야 할지 갈팡질팡하게 된다. 바람에 흔들리는 갈대와도 같이 이리저리 흔들리게 된다.

꿈이 있는 사람의 모습은 밝고 당당하다. 꿈이 있는 사람은 두려움이 없고 무엇이든지 할 수 있다는 자신감으로 가득 차 있다.

이 세상을 살아가는 데 먹고 사는 일은 참으로 중요하다. 먹고 사는 일은 현실적인 문제이기 때문이다. 먹고사는 일을 해결하지 못하면 살아가기가 무척 힘이 든다. 그러나 먹고사는 것보다 더 중요한 것은 자기 존재의 의미를 발견하는 일이다. 존재의 의미를 찾는 것이 바로 꿈을 찾는 일이라 볼 수 있다.

모든 것은 꿈꾸는 것으로부터 시작된다. 어떤 꿈이든 꿈을 꾸는 순간 인생이 달라진다. 꿈이 있는 사람은 힘든 상황에서도 잘 참아 낼 수 있는 큰 힘을 가지고 있다.

가치 있는 일을 하기 위해 꿈을 이루어가는 하루하루의 삶은 정말 값지다. 나이가 많고 적음에 상관없이 꿈이 있는 사람은 신바람 나는 생활을 하게 된다.

미국의 대통령이었던 에이브러햄 링컨은 이런 말을 했다.

"난 준비할 것이다. 그러면 언젠가 기회가 올 것이다."

인생에 있어서 절대 늦은 나이는 없다. 무언가를 해야겠다고 마음먹고 즉시 실행에 옮기는 사람은 꿈이 있기 때문이다.

지하철에서 사람들의 얼굴을 보게 되면 웃는 얼굴을 찾아보기가 힘들다. 피곤한 얼굴들, 인상 쓰며 짜증스러운 모습이고 거의가 카톡을 들여다보고 있다.

이제 전처럼 책을 읽고 있는 사람은 찾아 볼 수 없다.

나는 항상 책을 들고 다니며 지하철에서 책을 읽는다. 그러다 보면 가끔 말을 걸어오는 사람들이 있다.

"작은 글씨가 다 보여요?"

더 적은 글씨도 보인다고 하니까 부럽다고 한다.

병원에 근무하는 동료들을 보면 30대로부터 시작해서 40~60대이다. 내가 70대이니까 나이가 제일 많다.

대부분의 간호사들이 '피곤하다, 힘들다.'라는 말들을 하며 근무가 끝나면 아무것도 하지 못하고 쉰다고 한다.

그러나 나는 근무가 끝나면 잠시 휴식을 취한다. 많은 일들을 해도 내 목표가 뚜렷하기에 피곤함을 느끼지 않는다. 오늘도 내일을 준비하며 꿈을 가지고 열심히 뛰고 있다. 이렇게 할 수 있는 것은 건강이 뒷받침해주기 때문이다.

사람들에게 '나는 병원에 간 적이 없다.'라고 하니까 '병원에 매일 가지 않아요?' 라고 해서 한바탕 웃은 적이 있다.

병원에 근무하기 위해서는 출근해야 하지만 아파서 병원에 가는 일이나, 약을 먹는 일는 거의 없는 것이다. 대신 예방차원으로 건강기능식품을 챙겨 먹고 있다. 그리고 1주에 한 번 정도 뭉친 혈을 풀어 주는 기혈치료를 하며 주 2회 정도 운동을 한다.

오래전부터 운동을 해야지 하면서도 시간이 없다고 핑계를 대고 하지 못했었다. 그러나 이제는 강의를 나가는 시간을 줄이더라도 운동을 하려고 마음먹고 화요일과 목요일 단전호흡을 하고 있다.

젊은 사람들과 함께 일을 하려니까 때로는 어려울 때도 있지만 잘 참으면서 하고 있다. 늦은 나이에 건강하게 일할 수 있는 것이 얼마나 감사한지 모른다.

많은 사람들은 내가 열심히 사는 모습과 건강한 몸을 보며 많이 부러워하고 있다. 또한 염색하지 않은 검은 머리와 튼튼한 치아를 부러워한다.

　세상에 건강하고 싶지 않은 사람이 어디 있겠는가? 하지만 그냥 저절로 건강한 것이 아니다.

　우리는 자신의 건강에 신경을 써야 하고 올바른 생활습관을 가져야 한다. 가족과 주변을 행복하게 하기 위해서도 건강해야 한다.

　병원에 누워 계시는 어르신들의 모습을 보면 너무나 안타깝다. 좀 더 일찍부터 몸을 챙겼어야 하는데 하며 더욱 나의 건강을 또 한 번 돌아보게 된다.

　아는 것이 힘이라 했지만 건강을 지키는 것은 너무도 중요하다. 건강하지 못하면 꿈도 꿀 수 없고 아무것도 할 수 없다. 건강한 사람만이 꿈을 꾸게 되고 미래를 준비할 수 있다.

　꿈이 있는 사람은 두렵고 떨려도 용기를 내서 도전한다. 앞으로 한 걸음씩 나아갈 때에 두려움이 없어지고 자신감이 생기게 된다. 결국에는 꿈이 이루어지게 되고 또 다른 꿈을 향해 앞으로 나아가게 되는 것이다.

　꿈이 있는 사람은 현실에 만족하지 않고 더 나은 삶을 계획하며 살아간다. 그리고 꿈이 있는 사람은 과거보다 조금이라도 나은 삶을 위해, 미래의 행복을 위해 늘 시대를 앞서가려 새로운 일을 추구한다.

　머뭇거리며 망설이기만 하는 사람은 아무것도 하지 못한다. 따라서 어제와 오늘이 같고, 오늘과 내일이 다르지 않은 인생을 되풀이하면서 살아갈 수밖에 없다.

　세월은 너무나 빠르게 변화하고 있는데 늘 뒤따라가는 삶을 살아서는 안 된다.

교육 상담학 박사인 웨인 다이어는 세상에 있는 사람을 두 종류로 이야기하고 있다. 오리 같은 사람과 독수리 같은 사람도 있다.

아무것도 아닌 일에 꽥꽥거리며 불평만 하는 오리 같은 사람이 거의 대부분이다. 반면에 자신의 삶을 살기 위해 하늘 높이 비상하는 독수리 같은 사람이다.

여러분은 어떤 인생을 살고 싶은가?

사람의 좋은 시력이 2.0인데 독수리의 시력은 8.0이라 한다. 멀리까지도 바라볼 수 있는 독수리처럼 늘 멀리 바라볼 줄 아는 안목을 가져야 할 것이다. 우리 모두는 독수리가 될 수 있음에도 불구하고 오리 같은 인생을 살아가는 사람들이 많은 것을 볼 수 있다.

아무것도 할 수 없다는 부정적인 마음을 갖고 살아가는 사람은 성공하지 못하고 늘 실패하게 된다. 꿈을 꾸며 사는 사람들은 절망 속에서도 꿈을 포기하지 않고 늘 생생하게 그리고 행동하기 때문에 꿈이 실현되는 것이다.

세상에는 두 부류의 사람들이 살아가고 있다.

하나는 하는 일마다 꼬이고 잘 안 되어 부모와 사회 탓을 하며 머피 같은 인생을 사는 사람이다. 또 하나는 어려움 속에서도 자신의 꿈을 찾아 노력하고 도전하는, 샐리 같은 인생을 사는 사람이다. 머피는 하는 일마다 실패하는 사람을 말하고 샐리는 하는 일마다 성공하는 사람을 말한다.

자신의 분야에서 성공을 이룬 사람들은 모두가 샐리 같은 인생을 살아온 것을 볼 수 있다.

대부분의 성공한 사람들은 절박한 환경에서 힘든 과정을 거쳐 지금의 자리에 올랐다. 성공을 향해 나아가는 과정에서 온갖 어려움을 견뎌낼 수 있었다. '이거 아니면 안 된다.', '해내지 못하면 죽는다.'는 절실함이 있었기 때문이다.

실패하는 원인을 남의 탓으로 돌리기만 하면 발전이 없다. 요즘처럼 경쟁이 치열한 사회에서는 발전이 없으면 퇴보만 있게 마련이다.

샐리 같은 인생을 살기 위해서는 변화에 대응하여 준비하는 길밖에는 다른 방법이 없다. 머피와 같은 인생을 살지 않기 위해서 항상 삶을 개척하고 도전하는 자세를 가져야 한다.

꿈을 향해 나아가는 사람은 정신과 육체를 균형 있게 만들어가야 한다. 정신적인 고통도 이겨나가기 힘들지만 육체적인 고통은 더욱 절망에 빠지게 한다.

어떤 위기 속에서도 절망하지 않고 도전한다면 꿈은 기적을 가져오게 된다. 기적은 불가능한 것이 아니라 자신에게 달려 있는 것이다. 자신의 꿈과 신념이 확고하면 기적은 따라올 수밖에 없다.

꿈이 있는 사람은 꿈이 없는 사람과 사는 방법이 다르다.

꿈이 있는 사람은 항상 미래를 내다본다. 하지만 꿈이 없는 사람은 현실에 쫓기며 의미 없이 살아간다.

기회는 새와 같은 것, 날아가기 전에 꼭 잡아야 한다.

미래를 생각하지 않는다면 아무것도 가질 수 없다. 미래는 늘 현재의 사고의 결과인 것이다.

지금 이 순간 자신을 변화시켜야 한다.

미래는 운명의 손이 아니라 내 손에 달려 있다. 미래를 바라보는 눈을 가져야 한다.

시대의 흐름과 사회의 욕구를 파악하여 그것을 자기의 천직이나 사명과 일치시키게 된다. 실제로 한 세대에 성공한 사람들은 선견지명을 갖추고 있었다. 꿈이 있었기에 하루하루를 다르게 살아온 결과 성공의 삶을 거둘 수밖에 없게 된 것이다.

어떤 위기 속에서도 절망하지 않고 도전한다면 꿈은 기적을 가져오게 된다. 기적은 불가능한 것이 아니라 자신에게 달려 있다. 자신의 꿈과 신념이 확고하면 기적은 따라올 수밖에 없다.

(05)
독하게 생각하고, 결정하고, 행동해야 한다

우리 주위에는 남다른 재능과 포부를 가지고 있으면서도 그럭저럭 바쁘게 살아가는 사람들이 있다. 그럼에도 불구하고 재능에 맞는 결실을 맺지 못하는 사람들이 많이 있다.

그런가 하면 능력이나 조건은 뛰어나지 않지만 매일 멈추지 않고 꾸준히 성과를 쌓아나간 결과 만족스러운 삶을 살아가는 사람도 보게 된다.

이런 차이는 어디서 나게 되는 것인지 살펴보기로 하자.

전자가 만만한 자신감에 자기도 모르는 사이에 치열함이 없었던 것이라면, 후자는 자기 스스로에게 독했던 사람들이다.

성공을 원한다면, 먼저 스스로에게 독해져야만 한다. 이런 사람들은 얻고자 하는 목표가 무엇인지 확실한 사람이다. 바라는 그것을 손에 넣기 위해 치열하게 자기완성의 노력과 분투 의지를 가진다.

백 번 넘어져도 다시 한 번 더 일어나기를 반복한다.

스스로에게 독하다는 것은 자신의 가치와 존엄성을 잃지 않고 살겠다는 의지이다. 남에게는 냉정한 기준을 가지고 평가하면서도 자신에 대해서는 원칙 없는 변명을 끝없이 허용하는 것을 볼 수 있다. 책 한 권 읽는 것도 어려워하고, 일이 조금만 힘들어도 금방 포기해 버린다. 도전적인 일은 할 생각도 안 하고 편하게만 살며 시간을 보낸다.

'질척한 흙으로는 벽을 바를 수 없다.'라는 말이 있다.

단호하고, 절박한 결심이 없으면 고지를 향해 달려가도록 자신을 몰아붙이기가 어렵다. 지금 자신이 처한 형편을 자신이 원하는 환경으로 바꿔야 한다. 그렇게 하려면 '돌아갈 곳'은 끊어버리고, 벽에 부딪혀 부서져도 하겠다는 독한 각오를 가지고 달려 나가야 한다.

우리의 바람과는 다르게 세상은 나날이 무섭게 변화하고 있다. 따라서 위기 앞에 서 있는 우리는 뚫고 나갈 힘을 길러야 된다.

앞으로 내가 맞이하게 될 미래가 절망적이지 않고 희망적이어야 한다.

우리 모두에게는 변화가 필요하다. 미래를 대비하기 위해 눈앞의 현실에만 연연해서는 안 된다. '창조적인 도전'을 해야 하며, 일벌레 소리를 들을 정도로 열심히 살아야 한다.

사람이 변화하려면 무엇보다 사고방식이 변해야 하며, 이는 강의를 듣고, 책을 통해서 가능하다.

성공과 실패는 다른 누가 아닌 자기 자신이 결정하는 것이다.

자기계발은 전쟁이다. 다른 누가 아닌 자기 자신과 치르는, 그리고 동기부여를 해주는 자기계발 서적과 특강은 탄약이다. 매일 매 순간 전력과 온 마음을 다해 자기계발에 몰두해야 한다.

매일 매 순간 한계에 도전해서 마음을 독하게 먹어야 한다. 그렇게 스스로를 최고의 존재로 만들어가야 한다.

삼성그룹의 이건희 회장은 처절할 정도로 채찍질해 가면서 자기변화를 이루었다. 언론이 비웃어도, 비서실에서 반발을 하고 자신을 미친놈으로 보면 볼수록 강의에 열정을 불살랐다.

'자기계발에 목숨 걸자.'라는 특강도 했다. 삼성 사람들 각자가 자기계발에 몰두하면 저절로 바뀌어 세계 일류의 길로 갈 수 있다는 것이다.

그 강의를 8시간, 그리고 12시간, 다시 18시간씩 했고 삼성을 변화시키기 위해 그룹 총 순이익의 3분의 1을 자기계발을 위해 쓴 것이다. 그 결과 삼성그룹의 시가총액이 1988년 1조 원에서 2007년 140조 원으로 140배나 상승하는 데에 결정적인 역할을 했다.

성공한 사람들은 자기계발에 열정을 가지고 몰두한다. 우리 한국에서도 경외심을 불러일으킬 만한 대기업의 임원들이 아주 많다.

민계식 현대중공업 부회장은 매일 새벽 6시에 출근해서 다음 날 새벽 2시에 퇴근한다. 직원들도 퇴근 후에 홀로 앉아서 사업구상과 신제품 개발에 열을 올린다. 20년이 넘도록 이런 일과를 계속한 결과 국내외 약 220건의 특허를 보유했고, 국내외 학술지 등에 약 180

편의 논문을 발표했다. 게다가 마라톤 풀코스를 완주하는 달리기 실력을 갖추고 있고, 거의 매일 10킬로미터를 뛴다.

자기 자신에게 엄격하게 하는 습관을 가져야 한다.
'만사가 처음에는 어렵지만 노력을 거듭하면 익숙해진다. 어떤 길도 인내 없이는 숙달되지 않는 법이다.'
어느 문헌에 있는 한 구절이다.

매사에 어떤 일도 하루아침에 잘될 리는 없다. 착실하게 노력을 계속해서 하면 반드시 일류가 될 수 있다. 도중에 자포자기를 해서는 안 된다. 끝까지 해내겠다는 자기 통제심과 인내가 없이는 어떤 일도 성취할 수 없다.

현재 자신의 모습은 자신이 지금까지 뿌려온 씨앗의 결과이다. 지금 현재의 시간을 소중히 여겨서 나 자신에게 충실해야만 된다. 확실한 목표를 향해 자신을 강하게 훈련시켜 나아가는 것을 습관화해야 한다.

일반적으로 사람들은 많은 시선을 받고 있을 때 의식적으로 자신을 단속하며 자신의 생각과 행동에 주의를 기울인다. 하지만 혼자 있을 때나 아무런 구속이 없을 때는 사뭇 다르다. 그러나 누구의 간섭이 없는 자유로운 상황에서 스스로에 대한 단속을 철저히 하지 않으면 안 된다. 보는 사람이 없어도 사람이 있을 때와 똑같이 행동하고, 스스로 규칙을 정해 엄격하게 해야 하며, 더욱 신중해야 한다.

사람은 평생을 살면서 무엇인가를 이루어야 하지만 다른 사람에게 보여주기 위해서가 아니라 자기 자신을 위한 것이다. 끊임없는 자기 단속만이 조금씩 자아를 실현할 수 있는 있는 길이다.

하버드대 출신의 미국 전 대통령 존 F. 케네디는 미국 국민의 자랑이자 하버드대의 자랑이었다. 그는 아무리 어려운 일이 생겨도, 어떤 곤경에 빠져도, 물러서거나 도망가지 않고 계속해서 앞으로 나아갔고, 이러한 노력 끝에 그는 1960년 대통령에 당선되었다.

좌절과 마주했을 때 어떻게 대응하는가를 보면 그 사람을 철저히 검증할 수 있다. 용기를 내어 재도전하고 노력을 하며 좌절을 통하여 자신의 잠재력을 발견하고 더 나은 사람이 될 것인지, 아니면 패배 속에서 포기하는 것을 보면 알게 된다.

좌절을 마주하게 될 때, 실망하고 있게 된다면 우리 인생에 아무런 도움도 되지 않는다. 정말로 성공하길 원한다면 좌절을 대하는 마음부터 바꿔야 한다. 어려움 속에서 슬퍼하고 원망하는 대신, 뼈 아픈 경험을 앞날의 밑거름으로 삼아야 한다. 그러면 언젠가는 길이 없을 것만 같은 힘든 상황에서 희망과 반전의 기회를 볼 수 있게 될 것이다.

독수리는 자연계에서 수명이 가장 긴 새로 알려져 있다. 40세까지 사는 독수리가 대부분이지만, 일부는 70세까지 살기도 한다.

부리가 휘어지고, 발톱은 힘이 빠지고, 깃털도 길고 무거워져 하늘을 날 수 없게 된다. 이때 자신의 부리를 암벽에 부딪쳐 떨어지게 한 후 새로운 부리가 나도록 기다린다.

발톱도 뽑아내고 새 발톱이 나도록 기다리고, 깃털도 전부 새것으로 바뀌도록 한다. 그런 후 30년을 활기차게 비행하며 살 수 있게 되는 것이다.

스스로에게 독해짐으로써 새로 태어날 수 있게 된다.

우리 인간의 삶도 마찬가지이다. 자신에게 독해지는 시간을 끝까지 견디어 통과한 사람은 도저히 불가능해 보였던 것이 눈부신 성공으로 돌아오게 된다.

모든 의미 있는 큰 성공은 지독한 고난을 이겨낸 뒤에 온다. 무시무시한 폭풍우가 몰아친 뒤에야 아름다운 무지개를 볼 수 있는 것과 같다.

진정으로 자신을 변화시키고 싶다면 참으로 독하게 생각하고, 결정하고, 행동해야 한다. 과거의 게으르고 나태하고 안이한, 부정적인 생각과 잘못 행동하는 습관을 버려야 한다.

인생에서는 버려야 할 것을 버릴 때는 독한 마음이 필요하다.

지금 어찌할 수 없는 고통을 이겨내고 있다면, 가까운 미래에는 반드시 뜻하지 않았던 행복이 다가오게 된다.

무언가를 내려놓고 포기하는 순간 우리를 위대한 성공의 길로 이끌기 시작할 것이다. 눈으로 보지 못하고, 만지지도 못하고, 손으로도 셀 수 없는, 생각지도 못한 축복의 삶을 살게 될 것이다.

06
내 인생의 롤 모델을 정하자

"내 인생에 롤 모델은 있는가?"

나에게는 내 주변 소중한 사람들이 롤 모델이었다.

나는 나이 70이 되기까지 살아오면서 삶에 길을 잃어버리고, 어디로 가야 할지 방황할 때도 있었다. 하지만 신앙이 있었기에 좋은 분들을 많이 만나게 되었고 덕분에 나름대로 잘살아 올 수 있었던 이유라고 생각한다.

어린 시절에는 시골 교회의 김용서 목사님이 나의 롤 모델이었다.

엄마가 위가 안 좋아 청주에 있는 기독교병원에 가실 때면 목사님은 항상 동행해 주셨고 집안에 무슨 문제가 있을 때마다 오셔서 기도해주시곤 했다.

엄마를 생각하면 아팠던 것만 기억할 정도였는데 병원에서 약을 타다 드시고 열심히 교회를 다니신 덕에 다시 건강해지실 수 있었다. 그러나 그때만 해도 얼마나 건강이 좋지 않으셨는지 남동생이 초등학교만 졸업하면 결혼시킨다는 말씀을 하셨다.

그 후 나는 엄마가 롤 모델이었다.

여성이었지만 항상 사리분별이 정확하시고 경우가 밝아 불의를 참지 못하시는 분이셨다. 뿐만 아니라 항상 어려운 이웃들을 돌보는 따뜻한 마음을 가지신 분이셨다. 그리고 먹을 것이 부족했던 시절이었지만 나누어 주는 것을 좋아하셨다. 그리하여 친척들이나 동네 사람들로부터 존경을 받고 평생을 사셨다.

교회에서는 판사라고 할 정도로 엄격하셨고 또한 코미디라고 할 정도로 남들을 웃겨주기도 하셨다. 누구에게나 눈높이를 맞추어 주기 때문에 아이들과 청년들, 어른들까지 모두 다 어머니를 따르고 좋아했다.

청주여고를 다닐 때 일이다.

기차를 타고 통학을 하는데 해가 짧은 늦은 가을부터 겨울에는 캄캄한 밤에 4km가 넘는 먼 길을 걸어 다녔다. 여자 혼자 무섭기 때문에 엄마가 매일 마중을 나와야 했다. 따라서 엄마와 함께 고등학교를 다녔다.

어머니야말로 나의 인생에 있어서 롤 모델이 되어주셔서 나침반의 역할을 하셨다. 나도 어머니인 김복례 권사처럼 모든 사람의 존경과 사랑을 받는 사람으로 살아가고 싶다.

성공한 사람들은 전문가를 찾아가 직접 배운다. 성공한 사람들은 공부의 매력에 푹 빠져 있다는 것이다.

성공하고 싶으면 성공한 사람을 따라서 해야 한다. 성공자의 사고방식, 행동, 인맥관리 등 성공과 관련된 모든 것을 열정적으로 따라 하면 실제로 성공하게 된다. 성공하고 싶다면 성공한 사람들과 만나고, 글을 잘 쓰고 싶으면 글을 잘 쓰는 사람들과 만나야 한다.

꿈이 있다면 어울리는 친구들을 만나고 그런 모임에 나가도록 하자. 새 친구들은 나에게 계속해서 에너지를 불어넣어 줄 것이다. 또한 나의 옛 모습을 모르는 사람들은 편견하지 않고 나를 볼 것이고, 좋든 싫든 고정되어 버린 과거의 이미지를 탈피할 수 있다.

껍질을 벗고 나비가 되어 날았으면 더 이상 번데기가 아니다. 나비가 되었다면 번데기로 돌아갈 수도 없고, 개구리가 올챙이 시절로 돌아가서도 안 된다.

만나는 사람을 바꾸어 폭을 넓히면 새로운 시각을 배울 수 있다.

미국의 대통령이었던 존 F. 케네디는 1962년 라이스 대학 연설에서 '10년 이내에 인간이 달 위를 걷게 하겠다.'고 선언했다. 그러나 수많은 과학자들이 그것은 '불가능하다.'고 말했다.

그 후 케네디는 더 이상 그들을 만나지 않았고 '가능하다.'는 과학자들만 만났다. 그리고 그들과 함께 '불가능하다.'고 말한 과학자들이 이야기한 '불가능한 이유'들에 대한 해결책을 하나하나 찾아냈다!

결국 1969년 닐 암스트롱은 달 위를 걸었다.

케네디가 계속해서 '불가능한 이유'만 이야기하는 과학자들과 만났더라면 비전을 실현시킬 수 없었을 것이다.

어떤 사람과 만나 어떤 일을 하느냐가 큰 영향을 주기 때문에 언제나 중요한 일이다.

요즈음 만나는 사람들은 어떤 사람들인가? 부정적으로 말하는 사람은 나에게 나쁜 영향을 주기 때문에 만나는 사람을 바꾸어보는 것이 바람직하다.

더 큰 세상으로 나아가면 그들의 경험과 지식은 그야말로 우물 안 개구리 수준에 불과하다는 것을 알게 된다.

더 큰 사람을 만난다는 것은 뭔가 간절한 목표가 생겼을 때 떠올리게 된다. 내가 만나서 이야기를 듣고 싶은 멘토를 저절로 찾게 되는 것이다. 직접 만날 수 없더라도 책이나 강연을 통해서라도 내가 가진 좁은 사고의 울타리를 깨뜨려야 한다.

자신의 멘토를, 자신보다 더 큰 사람을 찾으려고 힘을 써야 된다. 그런 사람들을 만나게 되면 꿈을 현실로 바꾸어 갈 수 있다. 무수한 일을 겪고 다양한 경험을 통해 커리어를 만들어낸 사람들에게 현실적이고 실질적인 조언을 듣는 것이 좋은 방법이다. 주저하지 말고 발걸음을 내딛어서 더 큰 사람을 끊임없이 만나자.

현재 나의 롤 모델은 이종학 목사님이다.

경희대를 졸업한 80세가 넘은 한의사인데 군 장교 출신으로 월남전에서 다리 한 쪽을 잃었다. 불편한 다리를 끌고 다니시지만 항상 웃는 얼굴로 환자들을 대한다.

　전도를 위한 선교단체인 국제그리스도선교회에 속해서 전국적으로 안 다니는 곳이 없다.

　성격이 워낙 대쪽 같아서 항상 시간이 정확하고 약속을 어기는 법이 없다.

　요즈음에는 부모에게도 잘하는 자녀를 찾아보기 힘들다. 하지만 먼 거리를 마다하지 않고 일주일에 한 번씩 몇 년을 꾸준히 다니시며 어르신에게 침을 놓아주며 섬기시는 모습을 보면 정말로 대단하다는 생각이 든다.

　월요일마다 선교회사무실에서 주민들을 위해 침술선교를 무료로 하고 있는데 늘 물질로, 몸으로 봉사하고 계신다.

　특별히 아픈 곳은 없지만 시간이 되면 나도 늘 예방차원으로 침을 맞으며 감사의 마음을 가지고 있다. 가끔 식사라도 대접하면 다음에는 꼭 사시곤 하신다.

　지금 바빠서 시간을 잘 내지 못하지만 나도 앞으로 몸이 불편한 사람들을 위해 많은 시간을 봉사하며 돌볼 생각이다. 여러 가지를 공부하며 자격증을 취득하면서 준비해온 것은 이와 같은 일을 하기 위한 것이다. 바쁜 시간이지만 시간을 쪼개고 쪼개서 이곳저곳을 다니며 건강에 대한 강의도 하고, 새로운 것들을 배우며 더 나은 미래를 준비하고 있다.

　오늘 벌어 오늘을 사는 일상에서는 내일을 기대할 수 없다. 내일이 없으니 상상도 할 줄 모르고 살고 있는 것이다. 그러나 사람은 꿈이 없이 살아가서는 안 된다. 먼저 해야 할 일과 방향을 정해야 한다.

'부모는 거울'이라는 말이 있다. 자식은 부모를 보고 자란다고 한다. 말하고 행동하는 것을 보면서 성장한다. 꿈을 가진 부모 밑에서 자란 아이들은 부모가 꿈을 갖고 열심히 전진하는 것을 보고 자라게 마련이다.

나 또한 어릴 때부터 믿음과 꿈을 가지고 살도록 늘 기도로 딸을 키워왔다. 항상 딸에게 꿈을 가지라고 말하고는 한다.

나는 딸의 롤 모델이 되어 살아가려 한다. 그리하여 늦은 나이에도 불구하고 공부하며 책을 쓰고 있다.

성공한 사람들은 모두 책을 통해 꿈을 가지게 되었고 꿈을 이루기 위해 치열하게 노력했다.

바쁜 시간 많은 사람들을 만날 수 없기에 책은 나의 멘토가 되었다. 이 책을 통해 지치고 힘들 때 시련과 역경 속에서 버틸 수 있는 힘을 기를 수 있었다. 책에서 성공한 이들이 나의 롤 모델이다.

37도의 뜨거운 여름 날씨에도 책과 씨름하며 롤 모델을 만나며 인생을 바꿔가고 있다. 나 또한 내 책을 통해서 많은 사람들에게 커다란 힘이 되어주는 롤 모델이 되기를 소망한다.

먼 미래의 꿈을 꾸고 있는 친구들이 가까운 시간에 이룰 수 있는 꿈을 가져 보고 이루는 경험을 할 수 있도록 도와주기를 바란다.

모든 사람들이 닮고 싶어 하는 한 사람으로, 생명이 다하는 그날까지 아름답고 멋지게 살고 싶다.

07

인생은 고비마다 한 뼘씩 성장한다

작은 일에 전심전력을 기울여야 큰일을 이룰 수 있다. 세상의 모든 커다란 일도 작은 일에서부터 시작되며, 이것이 확장되어 이루어진 것이다.

현실에는 일상의 작은 일들을 사소하게 여기는 이들이 많다. 하지만 현실의 사소한 일을 대하는 하루하루의 태도가 궁극적 성공에 미치는 영향은 아주 크다.

대부분의 사람들은 작은 일을 무시하지만, 성공한 모든 사람들은 작은 일들도 소중하게 여긴다. 무릇 사람은 큰일에 앞서 작은 일을 해낼 줄 알아야 한다. 작은 일에서부터 기초가 다져진 성공은 요령으로 얻은 성공과 다르게 쉽게 흔들리지 않는다.

높은 산의 정상까지 한 걸음에 도달할 수 있는 사람은 어디에도 없다. 사소한 일 하나하나를 수행해나가며 조금씩 꾸준히 넓어져가는 것이다.

꿈은 미래의 퍼즐 그림이다. 그림의 퍼즐이 맞춰지려면, 조각들이 모아져야 한다. 그 조각들은 지식, 발로 뛰어 얻은 경험, 손과 발과 말과 눈으로 체득한 것이다. 조각들을 모으지 않고 다른 사람의 완성된 그림판만 보고 있으니 힘이 든 것이다. 허황된 목표를 꿈이라 해서는 안 된다. 단기간의 목표, 어려움이 따른다 해도 달성 가능한 목표를 세워야 한다.

많은 사람들이 긍정적 사고방식만 가지면 성공한다고 생각하지만 그렇지 않다. 긍정적인 사고방식은 성공의 핵심이다.

장애물 앞에서 실패하지 않기 위해서 포기하면 절대 안 된다. 현실을 직시하고 성공으로 가는 전략적 사고를 가져야 한다. 강력한 긍정의 위기의식을 가지고 하루에 단 한 발자국이라도 앞을 향해서 내딛으려고 분투해야 한다. 그렇게 매일을 보낸다면 반드시 세상의 주인공으로 살아가게 된다.

세계적인 지성인 요한 볼프강 폰 괴테는 시간에 대해서 이렇게 말했다.

"잘만 사용하면 시간이 언제나 충분했기에 나는 때때로 두 배, 세 배의 일도 해냈다. 시간은 무한히 길며 채우고자 한다면, 아주 많이 들어갈 수 있는 그릇이기 때문이다."

시간은 일정하지 않다. 사람에 따라서 사용시간을 늘릴 수도 있고, 줄일 수도 있다. 또한 시간은 필요하다면 얼마든지 만들어 사용할 수 있다.

열정적으로 살아가는 사람들은 자투리 시간을 잘 사용한다.

시간은 돈보다도 더 귀한 것이다. 사소한 것에 목숨 걸다가 있는 시간마저도 소모해서는 안 된다. 남는 시간을 아깝게 헛되이 보내고 있는지 한번 체크해보자.

"시간이 없어서……."라는 바보 같은 변명을 더 이상하지 말아야 한다. 묻혀 버린 시간은 캐내고, 무가치하게 보내는 시간은 용도를 바꾸어야 된다. 습관적이거나 의무적으로 사용하고 있는 시간은 질을 높여서 사용하다 보면 인생이 바뀌게 되어 있다. 하찮은 것에 아까운 시간 절대로 빼앗기지 말고, 이제부터는 단 하루를 살더라도 제대로 살아가자.

정체된 상태에서 자기 발전을 게을리하면 어느 순간 다른 사람에게 추월당하거나 도태될 수 있다. 날마다 단지 1퍼센트만 자신을 업그레이드한다면 언젠가는 사람들 속에서 빛날 수 있다.

마페이는 한 통신회사에서 인터넷 통신 설비 판매 감독을 맡고 있었다. 그는 낮에는 일상 업무에 시달리고 밤에는 술자리를 가지면서 3년을 정신없이 흘려보냈다. 3년 전만 해도 자신보다 학력도 낮고 능력도 부족하고 경험도 거의 없는 부하직원이 한 명 있었다.

그런데 지금은 상황이 완전히 뒤바뀌었다. 그 부하직원은 마페이보다 학력도 높아졌고, 능력도 많아졌으며, 3년간 비즈니스 업계에서 경험도 쌓았다. 마침내 그는 업계 사람들이 놀랄 만큼 높은 실적을 올렸다. 업무평가에서 1등을 하게 됐고, 마페이의 자리마저 빼앗았다. 실력 없는 부하직원에서 판매 감독으로 승진한 그를 인터뷰했다.

"어떻게 3년이라는 시간 동안 이 큰 변화를 이뤄냈습니까?"

그의 대답은 간단했다.

"매일 1퍼센트만 끌어올린 것뿐입니다."

사실 위대한 성과를 거두려면 날마다 조금씩 작은 성과를 거둬야 하는 것이다. 큰 성과는 작은 성과들이 쌓여서 만들어진 결과인 것이다.

조금도 발전하지 않고 아무런 성과도 거두지 못한다면, 성공을 얻을 길이 없다. 날마다 1퍼센트를 끌어올리는 습관의 위력은 무궁무진하다. 인내심을 갖고 기다린다면, 자신의 발전된 모습에 놀라게 될 것이다. 1퍼센트만 날마다 업그레이드한다면 성공은 시간문제다.

성공과 실패의 거리는 먼 것이 아니다. 경쟁에서 도태되지 않기 위해서 매일 스스로를 조금이라도 발전시켜 나가야 한다.

무슨 일이든지 하나씩 순서대로 해나가는 자세가 필요하다. 시간이 부족하고 큰일을 맡았을 때일수록 냉정해져야 한다. 혼란에 빠지지 말고 실마리를 풀어나가야 된다. 조급해하지 않아야 하며, 서두를 필요도 없다. 하나씩 순서대로 일을 처리할 때 효율이 향상될 것이다. 하루에 천 리를 가고 싶은 마음에 착실하게 일하지 않고 서두르면 어디에도 도달하지 못한다. 무턱대고 빠른 것만 추구하지 말고 실력을 쌓아가도록 하자. 무엇이든지 '빨리 이루려는' 욕심을 부려서는 안 된다. 성공하고 싶다면 차근차근 지식과 경험을 쌓으며 앞으로 나아가야 한다.

물이 흐르는 곳에 개울이 생기듯, 조건이 갖추어지면 일은 자연스럽게 이루어지는 것이다.

누에가 고치를 벗고 나비가 되는 것처럼 힘들고 고생스러울 수 있다. 하지만 인내하고 극복하게 되면 나비처럼 날아오를 수 있다.

내 인생을 확 바꿔 놓을 수 있는 거창한 꿈과 목표를 세울 수는 있다. 그리하여 많은 사람들은 당장의 현실과 거리가 먼 목표라 하며 지레 포기하고 만다.

하지만 원대한 목표를 나누어 하루 단위, 낮은 단계 등으로 실천하는 사람들은 꿈을 이루어나가고 있다.

꿈을 위해 투자해야 할 일은 매우 중요하다. 책이나 강의 등을 들으면서 조금씩 바뀌는 삶을 실천하는 것이다.

미국 필라델피아의 한 벽돌 공장에 존이라는 열세 살의 소년이 일을 하고 있었다. 소년의 집과 직장이 있는 그 마을의 도로는 포장이 되어 있지 않아 비가 조금 내려도 진흙탕이 되어 버렸다.

마을 주민들은 비가 올 때마다 투덜대기만 할 뿐이었다.

존은 자신의 일당에서 조금씩 떼어 벽돌을 한 장씩 사서 도로에 깔았다. 사람들은 손가락질을 하며 비웃기도 하지만 1년 반 동안이나 계속하다 보니 제법 포장된 길 모양새를 갖추게 됐다. 이에 주민들도 존의 노력에 감동하여 동참하였고 마을 도로는 포장되었다.

열세 살에 불과 했던 존의 벽돌 한 장은 전체 도로의 0.1%도 덮지 못했을 것이다. 그렇지만 0.1%의 실천이 흙투성이의 도로를 기어이 포장된 도로로 바꿔 놓았다.

존을 비롯한 마을 주민들은 편하고 안락한 일상의 행복을 가질 수 있었다. 이 소년은 훗날 미국의 백화점 왕이라 불린 존 워너메이커이다.

존 워너메이커가 미국의 백화점 왕이 될 수 있었던 것도 벽돌을 한 장씩 깔던 노력을 계속했기 때문인 것이다. 이런 꾸준한 노력 없이 일확천금을 얻거나 빠른 성공을 거둔 사람들은 무너지는 것은 한순간이다.

무슨 일을 할 때에 조급해봤자 아무 소용이 없다. 인내심을 가지고 현재 주어진 일을 하나씩 해나가는 자세가 필요하다.

목표를 가지고 있는 사람이 가장 조심해야 할 것은 '정체'다. 잠깐 쉬려고 한 것이 순식간에 시간이 지나가 버린다. 단 하루라도 제자리걸음을 하거나 뒤로 물러서지 않겠다는 마음을 가져야 한다. 아무리 힘들더라도 의식적으로 한 발 앞으로 나아가자. 그 한 발짝이 꿈을 이루게 하고, 다른 사람보다 일찍 목표를 달성할 수 있다.

어제보다 더 나은 사람으로 살아가기 위해서 꿈을 향해서 한 걸음만 더 내딛자. 피곤하고 귀찮아도 매일 꿈을 이루기 위한 무엇인가를 해야만 한다. 공부든, 일이든, 사람을 만나든, 돈을 모으든 간에 꿈을 향해 매일 한 발짝씩 앞으로 나아가자. 꿈을 이룬 모습을 상상하면 시간이 지나게 될 때 현실이 된다.

현실이 막막하고 힘들어도 좌절하지 않고 꿈을 가지고 한 걸음씩 걸어 나간다면 언젠가 그 꿈은 나의 곁에 다가올 것이다.

> 하루에 천 리를 가고 싶은 마음에 착실하게 일하지 않고 서두르면 어디에 도 도달하지 못한다. 무턱대고 빠른 것만 추구하지 말고 실력을 쌓아가도 록 하자. 무엇이든지 '빨리 이루려는' 욕심을 부려서는 안 된다. 성공하고 싶다면 차근차근 지식과 경험을 쌓으며 앞으로 나아가야 한다.

(08)
익숙한 것과 결별하자

철학자 알프레드 노스 화이트헤드는 "진보의 기술은 변화 속에서 질서를 보존하고, 질서 속에서 변화를 보존하는 것"이라고 말했다.

변화와 질서는 항상 상호 의존적이어야 한다. 질서가 동반되지 않는 변화는 없고, 변화가 동반되지 않는 질서는 기계적이어서 삶의 의미를 느끼지 못하게 된다. 그러므로 변화와 질서는 항상 동반되어야 한다.

현대는 변화의 물결이 일어나고 있는 시대다. 하루가 다르게 기술 혁명이 일어나고 있어 변화의 물결은 쉬지 않고 있다. 이렇게 급변하는 시대에 살아남기 위해서는 새로운 트렌드에 발맞추어 나아가야만 한다.

세상은 끊임없이 변하고 있다. '10년이면 강산이 변한다.'는 말은 옛말이 되어 버렸다. 이제는 1년도 가지 않는다. 하루하루가 다르게 변해가는 세상이다. 오죽하면 쌍둥이도 세대 차이를 느낀다는 말까지 나왔을까?

불과 몇 달 전만 해도 굳건히 서 있던 뒷산이 아파트 단지로 재탄생되는 것이 현실이다. 이러한 현실에 발맞추어 대응하지 못하면 세상의 변화를 따라갈 수 없다.

사람들은 현실에 안주하면 안 된다는 것을 알면서도 현실이 주는 익숙함에서 벗어나지 못하고 있다. 그러나 안전한 길을 택하는 것은 우리를 벼랑 끝으로 인도하는 지름길인 만큼 매우 위험한 일이다.

대부분의 사람들은 당장 해야 하는 많은 일로 시간이 없다고 핑계를 대며 새로운 일에 도전하지 않는다. 하지만 성공하는 사람들은 그렇지 못한 사람보다 더 많은 일을 하면서도 늘 여유 있는 생활을 한다.

자기계발을 하는 데 많은 시간을 할애한다.

안철수 씨는 이와 같은 말을 했다.

"의대 교수로 재직하면서 컴퓨터 바이러스 백신을 연구할 때 가장 큰 고민은 바로 백신 개발에 필요한 최첨단 기술을 공부할 시간이 없다는 것이었습니다. 그래서 꾀를 냈습니다. 잡지사에 전화해서 최신 백신 기술에 대한 기사를 연재하겠다고 했어요. 당시 그것에 대해서 전혀 모르는 상태여서 너무 힘들었지만 매번 발등에 불이 떨어지니 원고 마감까지 자료를 찾고 원고를 쓸 수밖에 없었어요. 그 일을 계기로 그 분야에 대해 알게 되었고, 덕분에 여러 가지 일을 할 수 있었습니다."

그는 결코 쉽게 성공한 것이 아니다. 새로운 지식을 쌓아야 하거나 꼭 해야 할 일이 있으면 데드라인을 정해놓고 자기 자신에게 가혹하리만큼 내몰았다. 이것이 나날이 성장하는 안철수 씨의 성공 비결이었다.

안철수 씨는 현실의 익숙함에 안주하기보다는 변화를 추구하는 가슴 뛰는 삶을 살았기 때문에 성공할 수 있었던 것이다.

우리도 이처럼 성공하기 위해서는 지금까지 길들여진 잘못된 습관들을 하나씩 고쳐 나가야 한다. 잘못된 습관으로 인해 인생을 실패하게 되기 때문이다.

Y는 아침에 시끄럽게 울리는 알람 소리에 겨우 눈을 뜨고 일어나기는 하지만 정신을 차리지 못한다. 어제 밤늦게까지 마신 술 탓에 머리는 터질 것처럼 아프고 속은 쓰리고 토할 것 같으며 몸은 천근만근 누구에게 맞기라도 한 것같이 아프다. 아침식사는 하지도 못하고 사람들이 빽빽하게 가득 찬 지하철에 간신히 올라타서는 한숨을 돌린다.

여기저기서 서로 발을 밟고, 밟혀서 인상을 쓰거나 고함을 지르는 소리가 들리는 지하철이 지옥철이 된 지는 이미 오래전이다.

Y는 마음속으로 '내가 다시는 술 마시나 봐라. 오늘부터는 무슨 일이 있어도 일찍 자고 일찍 일어난다.'고 다짐을 한다.

출근시간에 아슬아슬하게 회사에 도착하며 안도의 한숨을 내쉰다. 무거운 눈꺼풀과 감기는 눈으로, 사람들의 목소리는 자장가처럼 들려온다. 간신히 조회가 끝난 후 그럭저럭 시간이 지나 점심을 먹게 된다.

점심식후에 인터넷 서핑을 한 뒤, 다시 업무를 시작한다. 하지만 쏟아지는 잠을 주체할 수 없어 커피를 연거푸 마시지만 마찬가지이다. 시간은 왜 그렇게 안 가는지 지루하게 생각하며 퇴근하기를 기다리고 있는데 야근지시가 내려진다.

쌓여가는 피로와 스트레스를 풀겠다고 야근 후 동료들과 술잔을 나누며 상사의 뒷담화에 열을 올리게 된다.

Y는 그렇게 오늘도 밤늦도록 술을 마신다.

중소기업에 다니는 Y의 일상적인 하루의 모습이다.

이런 일상은 현재 매일을 살아가고 있는 대부분의 우리들의 모습이다. 요즈음 직장인은 수많은 스트레스와 업무과다, 매일 반복되는 야근에 허덕인다. 그래서 스트레스를 해소한다고 오늘도 부어라 마셔라 술을 들이킨다.

공휴일에는 그동안 자지 못했던 잠을 자겠다고 늦게까지 잔다. 하루 종일 소파에 누워 TV 리모컨만 돌린다.

이들은 지금의 생활에 익숙해져 다람쥐 쳇바퀴 도는 것 같은 삶을 살아간다. 이렇게 현실과 적당히 타협하며 잘못된 생활에 익숙해져 간다. 하지만 이러한 잘못된 생활 습관은 우리의 인생을 망칠 수도 있게 된다. 아무리 사소한 것이라도 즉시 고치지 않으면 그 습관으로 인해 성공의 길에 커다란 걸림돌이 될 수 있다.

우리는 Y와 같이 잘못 길들여진 익숙한 습관들을 버려야 한다. 그렇지 않고 현실이 주는 안이함에 익숙해져 살아간다면 땅을 치고 후회할 날이 올 것이다. 언제까지나 익숙해진 것과 결별하지 않고, 변화에 대응하지 않는다면 스스로 낙오자의 길을 걸을 뿐이다.

지금부터는 자신의 계발을 위해 변화된 삶을 살아가야 한다.

삶은 변화의 연속이다. 그러니 지금의 편안함에 안주해서는 안 된다. 편안함에 익숙해지면 바보나 멍청이가 되어 아무 일도 이룰 수 없게 된다. 하지만 지금의 편안함을 과감히 포기할 줄 알면 지금보다 훨씬 더 좋은 새로운 아름다운 세계를 맛보게 될 것이다.

안락함을 탐하는 마음을 극복해야 한다. 자신의 안락지대에서 벗어나 예전에는 하지 못했던 특별한 일을 해야 끊임없이 자신을 뛰어넘을 수 있고, 자기를 계발할 수 있으며 인생의 가치를 실현할 수 있다.

우리는 자신도 모르게 현실에 깊이 적응되어 새로운 변화에 도전하려 하지 않는다. 그보다는 익숙해진 현실에 안주하려는 마음이 압도적으로 크다. 익숙해진 현실에서 벗어나려 하니 두려운 마음이 앞서기 때문이다.

이제 쉬운 것부터 하나씩 바꿔보자. 그저 무심코 습관적으로 해왔던 일들도 다시 생각해보고 다른 방법으로도 해보자.

미래에 되고 싶은 모습을 정했다면, 작은 것부터 하나하나 바꿔나가는 연습을 해보자. 그러면 어느 순간에 변화에 익숙해진 자신, 지금보다 훨씬 더 유연하고 유쾌하게 바뀐 모습을 발견할 수 있을 것이다.

'변화'라는 것은 걱정하고 두려워하는 것만큼 어렵고 고통스러운 일이 아니다. 상실감을 느끼는 것만큼이나 새로운 시작에 대한 설렘과 기대를 선사할 것이다. 그러한 작은 변화들이 우리의 뇌기능, 전두엽피질을 활성화시키고 나태함을 몰아낸다. 그런 식으로 행동에 옮겨지고 습관이 되게 된다.

'삼망'이란 말이 있다.

전쟁터에 나가는 병사는 가정을 잊고, 부모를 잊고 자신을 잊어야 한다는 것이다. 전장에서는 각자의 개인 사정을 버리고 오직 전투에만 집중해야 승리할 수 있기 때문이다.

컴퓨터도 너무 많은 것이 가득 들어차 있으면 속도가 점차 느려진다. 결국에는 시스템 전체가 멈춰버린다. 사람도 마찬가지로 쓸데없는 과거의 기억이나 감정들로 꽉 채워버리면 안 된다. 그러면 아무것도 할 수 없는 공황상태에 빠지게 되어 중요한 것에는 집중하지 못하고 인생을 낭비하게 된다.

인생의 대가들은 버리기에 능숙했다. 버리는 것은 곧 새로운 출발이다. 열등감과 우월감, 게으름과 안일함도 모두 버려야 한다.

모든 일은 마음먹기에 달려 있다. 현실의 익숙함에 안주하는 것이 아니라 변화를 추구하는 가슴 뛰는 삶을 살아가야 성공할 수 있다.

잘못된 습관은 인생을 실패로 이끌기 때문에 변화를 받아들이고 도전해야만 한다. 가슴 뛰는 삶을 위해 지금까지 익숙해진 것들과의 결별을 해야 아름다운 미래가 창조될 것이다.

'변화'라는 것은 걱정하고 두려워하는 것만큼 어렵고 고통스러운 일이 아니다. 상실감을 느끼는 것만큼이나 새로운 시작에 대한 설렘과 기대를 선사할 것이다. 그러한 작은 변화들이 우리의 뇌기능, 전두엽피질을 활성화시키고 나태함을 몰아낸다. 그런 식으로 행동에 옮겨지고 습관이 되게 된다.

SUCCESS STORY

2장

실패는 새로운 시작이다

(01)
실패는 새로운 시작이다

실패는 일시적인 것이지만 극히 한정되어 있는 사람들만이 실패의 경험에서 인내의 소중함을 배운다. 그들은 모두 실패를 해도 일시적인 것에 불과하다고 생각하고 금방 다시 일어난다.

소망을 포기하지 않은 사람만이 실패를 승리로 만들 수 있다. 그럼에도 불구하고 많은 사람들이 실패에 좌절한 채 다시 일어서지 못하고 끝나는 것을 보게 된다. 그러나 그 가운데는 실패를 딛고 일어서는 사람들도 있는데 이 사람들은 절망적인 사태에 직면했을 때 인내력을 가지고 더욱 계발하고 단련하여 성공을 가져 오는 것이다.

인내가 없으면 어떠한 분야에서도 성공을 성취하지 못하게 된다.

기꺼이 실패하자.

반복적으로 시도하고 실패하고 제안하고 거절당할 준비를 하자.

실패와 시행착오는 우리가 거둘 최종적인 성공에 꼭 필요한 것이다.

실패는 우리를 아주 강하게 만든다. 최초의 계획이 실패를 했다면 새로운 계획을 세운다. 이 계획도 실패를 했다면 또다시 다음 계획을 세워야 한다. 이것이 성공할 수 있는 길이다.

성공을 원한다면 실패를 계속해도 이것을 교훈으로 삼아 새로운 계획을 세워야 한다. 실패는 일시적인 것이지 영구적인 것은 아니다.

실패의 원인이 계획이 서툴러서 그런 것이므로 새로운 계획을 다시 세워 재도전하면 되는 것이다. 중간에 단념하지 않는 한 누구에게도 패배는 있을 수 없으며 실패는 계획이 서툴다는 것을 가르쳐주는 신호다. 실패하면 바로 새로운 계획을 세워서 목표를 향해 출발해야 한다.

중단하는 자는 결코 승리하지 못하며 승리자는 결코 중단하는 일이 없다.

실패를 겁내지 말자.

행복을 가로막고 있는 가장 큰 장애물은 실패할지도 모른다는 두려움이다. 두려움 때문에 주저하면서 행복을 향해 나아가지 못한다면 행복은 영원히 오지 않고 멀리멀리 가버리고 말 것이다.

무엇이든지 잘하려고 한다면 연습을 계속해야 한다. 실패가 두려워 행동을 하지 않으면 문제를 해결할 수 없는 것이다. 실패를 거치지 않고 성공하는 것은 없으며 혹시 그럴 경우에는 작은 위기에도 좌절하게 된다. 실패를 거쳐서 이루어지는 것이야말로 진정한 성공을 다지는 징검다리이다. '실패는 성공의 어머니'란 말도 있는 것처럼 실패를 두려워하여 아무것도 못 하고 있으면 아무것도 가질 수 없는 것이다.

행복을 훈련하는 과정 자체가 행복의 요소다.

행복을 바라보는 관점을 바꾸면 세계관이 변할 수 있다. 실패에 대한 견해도 달라지고 실패도 행복 훈련이 없어서는 안 되는 필수요건이며 실패를 통해 자신의 부족한 점을 깨달을 수 있게 된다.

과거의 실패한 기억이나 불가능한 일에 마음을 빼앗긴다면 이는 패배자이며, 희생자이다.

실패한 사람은 실패한 사람처럼 생각한다. 그들은 머뭇거리며 스스로 시도조차 하지 못하게 억누르는 자기 제한적 믿음이 있다.

나는 충북 진천이 고향이지만 북한사람처럼 좀 억척스러운 면이 있다. 오뚝이처럼 넘어져도 잘 일어난다.

두더지를 때리면 또 나오고 또 때리면 또 나오고 하는 게임이 나는 참 재미있다. 아주 오래전 운전면허 시험을 볼 때를 생각하면 지금도 혼자서 웃지 않을 수가 없다.

다른 사람의 접수용지가 인지를 계속 붙여서 너덜너덜하고 다 낡아 지저분한 것을 보고 어쩌면 저렇게 많이 떨어졌을까 하고 생각을 했다. 1년 안에는 충분히 따겠지 하고는 시간을 거의 보내고 얼마 남겨두지 않고 시험을 보았다.

그런데 내가 꼭 그 꼴이 된 것이다. 연습할 시간도 없었고 시험 날

짜 잡기도 힘들어서 겨울에 제일 빠른 시간에 잡다 보니 시동도 걸어보지 못하고 떨어진 적이 몇 번 있어 다시 등록을 했어야 했다.

그때는 수동이었고 폐차 직전의 차로 운전하려니까 여간 힘든 것이 아니었다. 그래도 학원을 다시 등록해서 연습을 충분히 하고는 멋있게 합격해버렸다.

사람이 살다 보면 숨이 막히고 희망이 없고 캄캄하여 앞이 보이지 않아 절망 가운데 있을 때도 많이 있다.

내가 이 세상에서 제일 힘든 것같이 생각하는 때도 있지만 나보다도 힘든 사람이 많다는 것을 누구나 느껴봤을 것이다. 그런 가운데도 능력 있는 사람은 역경을 기회로 삼고 있다.

삶에 대한 능동적이고 적극적인 자세를 생활화한다면 매사에 좋은 일이 일어나서 가슴 벅찬 성공, 행운, 부유함으로 이어질 것이다.

부유하고 넉넉한 삶은 자신에게 주어진 상황을 피하지 않고 적극적으로 부딪혀 도전하는 자세를 통해서 얻을 수 있다. 눈앞의 상황을 이겨내지 못하고 피한다면 부유하고 넉넉한 삶은 평생 동안 찾아오지 않을 것이다.

장애물은 넘어지라고 있는 것이 아니라 더 높이 뛰어넘기 위해 있는 것이다. 불완전하더라도 하나씩 시도하자.

프랑스의 군인이자 황제였던 나폴레옹은 열 살 때 벌써 자신의 꿈을 주위에 과감하게 선언했다.

"유럽은 너무 작다. 두더지 굴 같다. 아시아로 나가리라."

"너희들, 저 무지개를 잡을 수 있니?"

나폴레옹은 그 무지개를 향해 달음박질하기 시작했다. 친구들은 나폴레옹을 심하게 비웃었지만 나폴레옹은 담대히 말했다.

"너희들은 아예 처음부터 할 수 없다고 생각했기 때문에 한 발자국도 움직이지 않았지만 나는 할 수 있다고 믿었기 때문에 수없이 전진할 수 있었지 않느냐?"

여러 가지 일을 시도한 사람은 많은 실수를 저지른다. 하지만 그는 모든 것 가운데 가장 큰 실수는 범하지 않은 것이다. 그 가장 큰 실수는 아무것도 하지 않는 것을 말한다. 실패할까 봐 아무것도 시도하지 않는 사람이 가장 어리석은 사람이다.

데오도르 루스벨트는 "비록 실패로 얼룩져 있다 하더라도 큰일에 도전하다가 영광스러운 승리를 거두는 편이 실패도 모르고 고통도 겪지 않은 사람들의 대열에 끼이는 것보다 훨씬 낫다."고 말했다.

'자존감의 신학'을 깨닫게 해준 로버트 H. 슐러 박사도 "아무것도 하지 않고 성공하느니 실패하더라도 어떤 것을 시도하는 편이 낫다."라고 이야기했다.

실패한 사람에게는 반드시 실패한 이유가 있다.

따라서 실패한 이유를 가볍게 생각하지 말고 실패로 이끄는 요소를 미연에 방지하면서 성공비결에 따라 최선을 다한다면 분명 성공을 자신의 것으로 만들 수 있다.

세계적인 성공학의 대가 브라이언 트레이시는 '실패학'을 이용해 성공한 사람이다. 그는 사람들에게 "성공도, 실패도 우연이다. 성공하는 사람은 성공에 이르는 일을 하는 사람이고, 실패하는 사람은 실패에 이르는 일을 하는 사람이다."라고 말을 했다. 그의 말처럼 성공한 사람들도 수많은 실패를 경험했다. 그런데도 불구하고 그들이 성공하게 된 이유는 끝까지 포기하지 않는 자신을 믿었기 때문이었다.

실패를 거쳐서 이루어지는 것이야말로 진정한 성공을 다지는 징검다리이다. '실패는 성공의 어머니'란 말도 있는 것처럼 실패를 두려워하여 아무것도 못 하고 있으면 아무것도 가질 수 없는 것이다.

(02) 계속해서 실패하자

노벨 문학상 수상자이자 《고도를 기다리며》의 저자인 사무엘 베케트는 "실패하라, 다시 실패하라, 더 나은 실패를 하라."라고 말했다.

이처럼 실패는 성공의 자양분이다. 실패를 통해서 문제를 파악하고 자신에 대해서 성찰하게 되는 것이다. 더 나은 실패를 하라는 것은 그만큼 성찰의 시간을 경험하라는 뜻이다.

사무엘 베케트가 "문학은 더 잘 실패하는 것"이라고 한 것도 실패를 두려워하지 말고 실패를 통해서 얻게 된 것을 빨리 찾도록 하라는 것이다.

실패를 하게 되는 것이 단지 운이 나빠서가 아니라 미처 생각지 못했던 변수 때문일 수도 있다. 아무리 잘 짜 놓은 그물이라도 물살이 갑작스럽게 빨라지거나 날카로운 이물질로 찢어질 때가 있다. 마찬가지로 전략이나 시나리오도 항상 예상한 대로 순조롭게 실행되지 않게 될 수 있다.

실패는 무엇인가를 할 때마다 거쳐야 하는 과정이라고 볼 수 있다. 자신의 뜻대로 되지 않았다고 화를 내기보다는 실패를 인정하고 그것을 통해서 깨닫고 배워야 한다.

실패를 통하여 자신을 돌아보는 계기로 만들어보자.

우리들이 보통 말하는 실패란 어떤 것일까? 그것은 성공하기 전 도중에 단념해 버린 즉, 쉽게 포기해 버리는 습관 바로 그것이다.

성공할 때까지 계속하면 성공한다. 아무것도 하지 않는 것보다는 실패하는 것이 낫다. 실패를 이용할 줄 아는 사람은 절대로 실패하지 않는다. 순간의 실패는 더 큰 성공을 위한 발판이 될 수 있기 때문이다.

지금까지 교육을 잘못 받아왔다. 항상 어른들이 시키는 대로, 상식대로만 하면 실패하지 않는다고 들어왔다.

한 번도 가보지 않은 길을 가면서 돌에 걸려 넘어져보기도 하고, 진흙탕 속에 빠지기도 하며 참 인생을 경험해야 한다. 그런데 정해진 반듯한 길로만 걸어가라고 강요당해왔다. 하지만 가만히 있다고 실패하지 않는 것이 아니다. 인생은 항상 생각지 못했던 복병이 숨어 있게 돼 있다.

이 세상에 문제가 없는 인생은 하나도 없다. 실패는 다음 실패를 유도한다. 실패를 했을 경우, 그 실패를 어떻게 활용할 수 있을까? 이때 남의 탓으로만 돌린다면 좋은 결과를 결코 얻을 수 없다. 이 실패는 나의 잘못된 방식이라고 생각한다면 반성의 기회가 주어진다. 그러므로 똑같은 실패는 반복하지 않게 된다.

이와 같이 실패의 원인이 자신에게 있다는 것을 받아들이면 실패의 원인을 없애기 위해서 열심히 노력하게 될 것이다. 진정한 성공을 위한 가장 중요한 포인트는 실패의 원인이 자신에게 있다고 생각하며 그 원인을 찾는 일이다. 실패의 원인을 찾아 잘못된 점을 발견하고 그로 인해 반성할 수 있는 기회를 갖게 되기 때문이다. 매사를 반성하는 자세로 살아간다면 실패를 거듭하지 않게 된다.

지금까지 인생을 살아오면서 자신은 '한 번도 실패를 해 본적이 없다.'는 사람은 거의 보지 못했다.

누구나 무엇을 하고자 할 때 실패는 부수적인 불청객이므로 사전에 각오하지 않으면 안 된다. 그러나 소극적인 사람은 실패를 경험하게 되면 실패한 경험에만 사로잡혀 더욱 더 소극적인 사람으로 되어 버리는 경우가 많다. 그러한 실패 경험은 남겨두지 않아야 한다. '실패는 성공의 어머니'라는 말이 있는 것처럼 많은 실패를 통해 성공으로 갈 수 있다. 실패를 하더라도 좌절해서는 안 된다. 실패의 두려움을 버리고 계속 새로운 일에 도전해야 한다.

대부분의 사람들은 실패한다. 하지만 실패한 후 좌절하는 사람과 실패를 했어도 그것을 경험으로 삼아 더 나은 도전을 하는 사람을 보게 된다. 이는 실패를 어떻게 다루는가에 따라서 성공이 달려 있다는 것을 보여준다.

모든 사람이 성공하는 인생만을 사는 것은 절대로 아니다. 지금 실패했다고 해서 미래에 대한 희망을 버려서는 안 된다.

실패는 성공으로 가는 과정이다. 실패를 통하지 않고는 성공으로 갈 수 없다. 자신에 대한 확신과 절박감이 있으면 성공의 정상에 도달할 수 있다.

사람은 누구나 실패를 두려워한다. 실패를 하면 주위 사람들의 비웃음을 사게 되고 누군가를 실망시키기 때문이다. 하지만 실패 없는 성공이란 없다. 실패가 있기에 성공이 있는 것이다.

라이트 형제는 805번의 실패를 통해서 비행에 성공할 수 있었다. 그리고 에디슨은 2천 번의 실험을 거쳐서 전구를 만들어내고 말았다. 그런데 그 당시 백열등 연구에 도전한 과학자가 24명이었다. 하지만 그들은 몇 번 실패한 뒤 불가능한 일로 생각한 나머지 포기하고 말았다.

"실패는 성공에 한 걸음씩 다가가는 과정이므로 성공만큼 값지다. 초보 개발자들은 계속 실패를 해봐야 한다. 그것이 성공에 가장 빨리 도달할 수 있는 지름길이다. 나는 실패를 사랑한다."

제임스 다이슨이 실패에 대해서 한 말이다.

자동차 판매 왕 조 지라드는 신입시절에 부진한 실적으로 괴로워하고 있었다. 그러던 어느 날 허니문카를 타려고 떼쓰는 아이를 보았다. 저번에 타봤으니 다른 것을 타라고 했지만 헛수고였다. 끈질기게 고집을 부렸기에 허니문카를 타고 행복해했다. 이를 보고 지라드는 이와 같은 생각을 했다.

'허니문카를 타본 사람이 다시 또 타는 것처럼 자동차도 산 사람이 다시 살 것이다.'

그날부터 최대한 고객의 입장에서 생각하고 배려하면서 판매실적이 급속도로 늘게 되었다.

실패를 하는 것은 나의 부족한 점을 깨닫고 보완하기 위한 것이다. 그러한 과정을 거치면서 성장하게 되고, 성공의 목적지까지 도달할 수 있는 것이다.

우리가 실패를 두려워하고 도전하지 않는다면 성공은 할 수 없다. 성공과 실패는 항상 붙어 다닌다. 실패 없는 성공은 없는 법이다. 성공하려면 누구나 많은 실패를 경험할 수밖에 없다. 실패는 문제의 원인을 찾고 해답을 얻을 수 있는 힌트를 준다. 수많은 실패들은 삶을 어렵고 힘들게 만들 수도 있다. 하지만 그러한 시련들을 이겨내는 자만이 성공으로 갈 수 있다.

우리가 계속해서 도전한다면 결국에는 성공하게 된다. 그러므로 실패를 두려워하지 말고 끊임없이 도전해야 한다. 실패를 많이 하면 할수록 성공에 도달할 확률이 높아지기 때문이다.

일 보 후퇴는 실패가 아니다.

실패는 하고 싶지 않은 일을 하지 않을 때 발생한다. 하지만 성공한 사람들은 습관적으로 하기 싫은 일을 해낸다. 그들은 목적의식이라는 힘으로 하기 싫은 마음을 극복한다.

기꺼이 실패하자.

반복적으로 실패하고 제안하고 거절당할 준비를 해야 한다. 실패와 시행착오는 우리가 거두게 되는 최종 성공에 꼭 필요하다. 갖가지 실패를 거듭하는 동안 '이번에는 잘할 수 있을 거야.' 하는 적극성이 생겨나게 된다.

실패는 진보의 원천이다. 한 번 해서 안 되면 열 번 하고 열 번 해서 안 되면 백 번 해야 한다.

사업에 실패를 하였다 해도 그 실패를 거울삼아 성공의 지름길로 삼는 용기가 필요한 것이다. 영국의 시인 바이런이 이렇게 말을 했다.

"나 자신을 위해 지나가 버린 시계의 종을 쳐줄 자 누구인가?"

과거는 지나가 버리면 되돌아오지 않는다. 그래서 사람들은 이 한 번의 실패조차 용납하지 않으려 한다.

만약 사업에 실패한 누군가가 다시 재기하여 새 사업을 시작하려 한다면 주위에서는 반드시 비관적인 눈으로 바라볼 것이다. 과거의 쓰디쓴 실패 경험을 본인에게 상기시키면서 다시 한번 그를 나약한 패배자로 만들어 버리는 것이다.

사실 성공할 때까지의 과정에는 작은 실패가 여러 가지 있을 수 있다.

영국의 스티브 잡스라고도 불리는,《계속해서 실패하라 그것이 성공에 이르는 길이다》의 저자 제임스 다이슨, 그는 날개 없는 선풍기를 출시해 획기적인 반응을 불러일으켰다.

대부분의 사람들은 선풍기의 날개가 서너 개 달려 있는 것으로 상상을 한다. 하지만 그는 그런 생각의 틀을 깨고 날개 없는 선풍기를 만들었다. 그 외에도 먼지 봉투 없는 진공청소기와 물기를 없애

주는 손 건조기 등을 개발해 큰 인기를 얻었다. 성공하기 전까지 수 많은 실패를 겪으면서도 좌절하거나 포기하지 않았다. 절망 가운데서도 오히려 계속해 아이디어를 찾고, 도전했기에 성공할 수 있었던 것이다.

> 성공과 실패는 항상 붙어 다닌다. 실패 없는 성공은 없는 법이다. 성공하려면 누구나 많은 실패를 경험할 수밖에 없다. 실패는 문제의 원인을 찾고 해답을 얻을 수 있는 힌트를 준다. 수많은 실패들은 삶을 어렵고 힘들게 만들 수도 있다. 하지만 그러한 시련들을 이겨내는 자만이 성공으로 갈 수 있다.

03
절망의 끝에서 희망의 노래를 부르다

남편이 하던 정수기 사업에 어려움이 오게 되어 많은 빚을 지게 되었고 차압까지 당하게 되어 급하게 집을 정리하고 딸은 시골의 친정엄마에게 보낼 수밖에 없었다.

어린 딸이 시골에 갈 때마다 울고 보채며 같이 따라오려고 했지만 어쩔 수 없었다. 물질적 어려움을 별로 모르고 생활해오다가 힘들게 되니 더욱 간절하게 기도하면서 하나님을 찾게 되었다. 바쁜 중에도 시간을 내어 기도원에 올라가 기도를 하며 많은 은혜를 체험했다. 한번은 이런 깨달음이 있었다.

'하나님, 그 어려운 시절에 시골에서 여자들은 중학교도 나오기 힘들었는데 대학까지 공부시켜놓고 이렇게 힘든 고생을 하게 해요? 다른 사람은 학교 공부를 못 했어도 모두 잘들 살고 있는데……' 하며 원망으로 가득 차 있을 때 주님은 나에게 말씀하셨다.

"나는 너를 이 세상에서 호강시키려 한 것이 아니다. 바로 내가 너를 쓰기 위함이다."

80년대만 해도 기도원에 사람들이 바글바글 많이 붐비고 있었지만 지금은 그렇지 않다. 그만큼 살기가 좋아졌고 아프면 병원에 가고 먹을 것도 풍부해졌기 때문이리라. 하지만 사람의 힘으로 해결할 수 없는 문제들이 인생을 살아가는 동안 항상 있게 되어 있다.

열심히 직장생활을 해서 돈을 갚아 나갔고 얼마 후에 딸은 서울로 데리고 와서 함께 살았다.

이런 계기로 하나님의 부르심을 깨닫게 되어 신학을 하고 싶은 뜨거운 마음을 갖게 되었다. 신학을 공부하여 아프고 힘든 사람들을 위로하며 살아가리라 하는 생각으로 학교를 찾아보았다.

이윽고 낮에는 직장에 다니고 밤에 공부할 수 있는 순복음 영산신학대학원을 입학하게 되었다.

사람은 연약하기 때문에 어렵고 힘들 때 하나님께 더 가까이 갈 수밖에 없다. 육신적으로나 정신적으로는 매우 힘들었지만 마음은 늘 평안과 기쁨으로 넘쳐났다. 낮에 근무하고 밤에 공부하여 바쁘기는 했지만 피곤하고 지칠 줄을 몰랐다. 절망 속에서도 꿈이 있었기에 어려움도 나에게는 오히려 뚫고 나갈 수 있는 용기를 안겨주었다.

꿈을 붙들고 끝까지 지켜내는 것이야말로 그 사람의 삶을 가장 찬란히 빛나게 하는 근원이다.

지금 꿈이 있는 사람만이 장래에 더 많은 성취를 거둘 수 있다는 사실이다.

세상은 우리에게 따뜻한 햇볕과 부드러운 바람만 제공하지 않을 것이다.

남들이 어떻게 하던 그저 자신의 길을 두려움 없이 걸어 나가는 것만 배우면 된다. 남들이 비웃었던 그 꿈 때문에 가장 찬란하게 빛나는 날이 오게 된다.

하버드대에는 '다른 사람보다 뛰어나고 싶으면 남보다 더 많은 고난을 견뎌라.'라는 명언이 전해진다.

고난은 아픔과 상처와 피로를 동반하지만 이를 견뎌낸 경험은 앞으로 큰일을 해낼 기반과 자신감이 됨을 다시 한번 생각나게 하는 말이다.

인생에서 성공하는 사람과 실패하는 사람을 가르는 것은 재능이나 능력이 아닌 경우가 상당히 많다.

실패한 사람들도 모진 고난을 이겨내기 위해서 노력했고, 쌓아온 것도 비슷하다. 하지만 실패한 사람은 어느 지점에서 특정한 소양부족으로 패배하게 된다. 그것이 바로 마지막 한 번의 노력을 더 지속하고자 하는 '인내'이다.

많은 경우 인내는 어떤 일의 성사를 앞둔 시점의 관건이 된다. 지혜와 능력 등 모든 면에서 비슷한 두 사람이 겨룰 때에는 매우 높은 비율로 인내심이 강한 쪽이 승리한다. 적당히 짧은 인내로 충분한 일은 세상에 아무것도 없다. 인내할 줄 아는 사람은 좌절을 경험으로 삼을 줄 알고, 미래를 바라보며 어둠 가운데 있을지라도 힘을 기를 줄 안다. 일이 잘 안 풀리고 괴로움이 있어도 낙을 찾으면서 기다림 후에 마침내 기회를 잡게 되고 결실을 얻는다.

인내는 '가슴' 졸이며 '고통'을 감내하는 일이 될 수도 있다. 인내에는 때로는 손으로 자신의 심장을 찌르는 것과 같은 냉정함과 가혹함이 따르게 된다. 그 상처가 치유되기를 기다리는 것이 인내이며, 고통의 어둠이 걷히고 빛이 밝아올 때까지 버티는 것이 인내이다.

사람들이 새해를 맞이할 때 정동진으로 해가 떠오르는 것을 보기 위해 간다.

나는 오래전에 기네스북에도 올라와 있는 보성녹차행사에 간 적이 있다. 어두운 시골, 야간에 휘황찬란하고 아름답게 반짝이는 불빛은 정말 구경할 만한 볼거리였다.

이튿날 이른 새벽, 해돋이를 보기 위해 추위를 견디며 벌벌 떨며 떠오르는 해를 기다리고 있었다. 어둠을 헤치고 떠오르는 해는 말 그대로 '웅장'했고 표현할 수 없을 정도의 희망과 에너지였다. 이러한 것을 느끼기 위해서 많은 사람들이 해돋이를 가는가 보다.

해가 떠오르기 바로 직전이 가장 어둡다고 한다. 인생도 마찬가지이다. 가장 힘들다고, 더 이상 버틸 힘이 없을 때, 더 이상 내려 갈 곳이 없어질 때 그때부터는 올라가는 길밖에 없다.

나는 많은 이들에게 경험과 지식과 재능을 나누어주는 영향력 있는 메신저가 되는 것이 꿈이다. 부족하지만 내가 가지고 있는 모든 것을 통하여 함께 꿈을 꾸며 함께 꿈을 이루어나가면서 꿈 친구들과 남은 인생을 함께하고 싶다. 시련을 극복하고 꿈을 향해 전진했던 경험을 통해 다른 사람들을 기꺼이 도와주는 가치 있는 삶을 살아가는 것이 나의 또 다른 꿈이 되었다.

꿈꿔보지 않은 것을 이루는 사람은 어디에도 없다. 어제보다 나은 오늘을 살면, 성장하는 만큼 더 크고 구체적인 미래를 그릴 수 있다.

나는 오늘 절망이 아닌 희망을 노래하기 위해 꿈을 가지고 성공을 바라보며 달려가고 있다.

주어진 상황에 끌려가지 않고 스스로에 대한 자신감과 확신을 가져야 한다. 불행의 원인은 주위 사람이나 환경에 있는 것이 아니라 자신의 생각에 있다.

나를 사랑하고 자신감이 넘쳐야 남을 사랑하며 긍정적인 영향을 미칠 수 있다. 더 나은 끝을 설계하고 미래의 나에게 부끄럽지 않은 오늘을 살아야 한다. 누가 뭐라 해도 우리는 행복한 이기주의자가 되어야 한다.

"난 꿈이 있어요. 그 꿈을 믿어요. 나를 지켜봐요. 저 차갑게 서 있는 운명이란 벽 앞에 당당히 마주칠 수 있어요. 언젠가 나 그 벽을 넘고서 저 하늘을 높이 날을 수 있어요. 이 무거운 세상도 나를 묶을 수 없죠. 내 삶의 끝에서 나 웃을 그날을 함께해요."

내가 너무 좋아하는 카니발의 '거위의 꿈'이다.

인생을 살아오면서 어두운 터널 속에서도 나에게 희망을 주는 생생한 꿈이 있었기에 지금도 밝고 당당하게 살아갈 수가 있는 것이다.

나에게도 과거의 쓴 뿌리가 꿈의 원동력이 되었고 감사의 제목이 되어 축복과 성공의 열매를 맺을 수 있게 되었다.

간절히 원하면 우주의 법칙은 우리에게 필요한 에너지를 계속 공급해주며 꿈이 이루어질 수 있는 상황을 만들어준다. 과거의 상처들이 축복의 열매를 가져다줄 수 있도록 절망 끝에서 희망을 붙잡고 굳세게 살아가자!

인내는 '가슴' 졸이며 '고통'을 감내하는 일이 될 수도 있다. 인내에는 때로는 손으로 자신의 심장을 찌르는 것과 같은 냉정함과 가혹함이 따르게 된다. 그 상처가 치유되기를 기다리는 것이 인내이며, 고통의 어둠이 걷히고 빛이 밝아올 때까지 버티는 것이 인내이다.

실패는 있어도 포기는 없다

'실패를 극복하고 나면 성공보다 아름다우며 성공보다도 많은 교훈과 힘이 된다.'

이것은 실생활에서 몇 번이고 실패를 거듭했다고 하는 K 씨의 말이다.

우리는 누구든지 실패를 두려워한다. 그러므로 새로운 아이디어가 나온다 해도 '그것은 무리야.', '그런 일은 실패할 것이 뻔해.' 등등 처음부터 새로운 일을 하려고 하지 않는다.

새로운 일을 시작할 때는 우선 쓸데없는 걱정을 하지 않는 것이 중요하다. 실패를 두려워하지 않아야 하며 실패를 했다 해도 그 교훈을 커다란 원동력으로 삼아야 한다.

나약한 사람이나 언제나 비관적인 사람이 적극적인 사람이 되기 위해서는 자신 있는 일을 하면 된다. 자신이 좋아하는 일을 장점으로 개발하면 되는 것이다. 장점을 살려서 타인과 차이를 만들면 적극적인 자세로 나갈 수 있다.

어떤 중요한 일에 실패를 하고 나서 후회를 하지 말고 희망을 갖도록 해야 한다. '분명 커다란 실패를 하였지만 포기할 정도는 아니다.', '다시 열심히 노력한다면 어떻게든지 극복할 수 있어. 있는 힘을 다해 심혈을 기울인다면 다른 길이 열릴 거야.'라는 생각을 하면 된다.

흘러가는 강물은 어떤 장해물을 만날지라도 전혀 성급하게 거품을 일으키며 거세지지 않는다. 조용히 그 주변을 맴돌다가 자연스럽게 흘러간다.

재계인사 중에 파란만장한 인생을 걸어온 일본의 K 그룹 A 씨에 대한 이야기다.

그는 수많은 사업을 융성시킨 명경영자로서 유명하다. 그가 경영 공부를 시키기 위해 개설한 '경영세미나'에 수백 명의 경영자들이 이 문을 두드리게 만들었다.

K 그룹은 점점 두각을 드러냈고 순풍대로를 나아갔다. 그러나 얼마 후 A 씨는 그룹의 경영에서 커다란 실패를 맛보게 되었다. 60세가 지난 그에게 일생일대의 커다란 위기가 찾아온 것이다.

사회지탄의 주목이 된 A 씨의 고난은 이루 말할 수 없었다.

사람들은 괴로운 일을 당하게 되면 비관하는 쪽으로 기울게 될 수밖에 없다. '더 이상 피할 길이 없다.', '이제는 어쩔 도리가 없다.'라고 하며 자포자기에 빠지는 사람들을 수 없이 보게 된다.

A 씨는 완전히 막다른 골목에 서게 되었을 때 이런 생각을 했다.

'무일푼에서 시작한 몸이었는데 어차피 이렇게 된 바에 다시 시작해 보는 것이다. 아직 내 모든 역량을 발휘한 것이 아니지 않은가.'

생각을 바꾸니까 별안간 눈앞이 환해지며 '나의 길은 분명히 있을 것이다.'라는 자신감과 더불어 다시 분발하게 된 것이다. 또한 자신이 한 일은 아직 자신이 할 수 있는 백 분의 일에 지나지 않는다고 가슴깊이 아로새겼다. 이러한 '플러스 사고'로 다시 일어서게 되었다.

A 씨가 사망하였을 때 K 그룹의 주식은 주식시장에서 가장 인기 있는 종목이 될 정도로 탄탄하게 그의 기업이 성장해 있었다.

실패도 하고 고생을 하면서 성공하려고 노력하는 것이 인생이다. 아파야 건강에 대한 고마움을 아는 것처럼 행복이라는 것도 마찬가지이다. 하지만 똑같은 실패를 되풀이해서는 안 된다. 반성이 있어야 하고 문제에 따른 대책을 세워야 한다. 반성이 없는 곳에는 발전과 성장이 없다. 그리고 실패에 굴하지 않는 '플러스 사고'를 가져야 실패를 극복해 나갈 수 있다.

에디슨은 전등을 발명하기 전 수천 번 실패했지만 끝까지 포기하지 않았다.

"진실한 공상가는 도중에서 간단히 손을 드는 약한 사람이 아니다."라는 말처럼 진심으로 무엇인가를 끊임없이 추구하는 사람은 힘든 일을 수없이 당해도 포기하지 않는다.

하늘을 날아보고 싶다는 라이트 형제의 간절한 꿈이 오늘날의 우주여행을 가능케 했다.

마르코니는 눈에 보이지 않는 전파의 힘을 이용하는 것이 꿈이었다. 그 꿈이 오늘의 라디오와 텔레비전을 탄생시킨 것이다. 마르코니가 전선을 사용하지 않고 공중에 전파를 띄워 통신할 수 있다는 이론을 처음 발표했을 때, 친구들은 그를 정신병자로 취급했다. 남들에게는 말도 안 되는 허무맹랑한 이야기였으나 그에게는 불타는 소망이 있었고, 마침내 꿈은 실현되었다.

성공에 이르는 길은 시작이 비참하기도 하고 많은 고난이 따르기도 한다.

찰스 디킨스는 물건에 상표를 붙이는 평범한 기능공이었으나 쓰라린 실연을 경험하고 난 후 세계적인 작가가 되었다.

헬렌 켈러는 어렸을 때 큰 병을 앓게 되어 시각, 청각, 언어장애의 삼중고를 겪어야 했다. 이러한 불행이 있었음에도 불구하고 역사의 한 페이지를 기록할 만한 위대한 인물이 되었다.

어떤 경우든 성공을 거둘 때까지의 인생은 절망과 좌절의 연속이다. 일시적인 패배에서 단념하는 것은 매우 간단하다. 좌절 가운데서 변명하는 것도 어렵지 않다.

많은 사람들은 일시적인 실패로 인해 포기하게 된다. 500명의 성공한 미국인이 들려준 이야기의 공통점으로 이와 같이 말을 했다.

"위대한 성공이라는 것은 사람들이 패배의 투구를 벗은 시점에서 불과 얼마 지나지 않았을 때 찾아온다."

일시적인 실패가 의미하는 것은 계획이 잘못되었기 때문이다.

우리를 성공에 이르게 하는 것은 완벽한 계획뿐이다. 아무리 실력이 있는 사람이라 할지라도 계획이 완전치 못하면 성공할 수 없다. 혹시 실패를 했더라도 그것은 영구적이 아니다. 새로운 계획을 다시 세워 재도전하면 된다. 포기하지 않는 사람만이 실패를 승리로 전환할 수 있다. 실패하지 않는 유일한 방법은 포기하지 않는 것이다. 99%가 될 때까지 도전하다가 다음 도전에 포기한다면, 확률은 0%가 된다는 것을 알아야 한다.

우리가 인생을 살아가면서 어떠한 상황 가운데 있다 하더라도 꿈을 포기해야 할 이유는 전혀 없다. 포기하지 않는 한 절망적이기만 한 삶은 없는 것이다.

《제인 에어》의 저자 샬럿 브론테는 이렇게 말했다.

"인생은 끊임없이 고통을 참고 이겨나가는 과정이다. 사람은 일생에 걸쳐 수만 가지 좌절과 번민, 역경과 위기에 시달리고 마음은 안정을 찾을 새가 없다. 그러나 그것이 인생의 진면목이다."

그렇다. 어깨를 내리 누르는 삶의 무게가 없다면, 삶은 제대로 자리를 찾지 못하고 떠돌다 헤매기만 할지도 모른다. 자아가 성장하고 인생의 꿈을 성취하려면 고통을 뚫고 앞으로 나아가야 하는 것이다.

포기하는 사람은 성공을 얻을 수 없다. 끝까지 버티고 나아가야만 성공의 자리에 도착할 수 있다. 길이 보이지 않는다고 두려워하거나 포기할 필요가 없다. 길을 못 찾고 헤매고 있을지라도 기회가 주어지게 된다.

1,008번의 거절 끝에 KFC를 세운 커넬 샌더스의 이야기를 모두 잘 알고 있을 것이다.

실패만을 거듭한 그의 수중에는 아무것도 남지 않은 것처럼 보였다. 하지만 제일 중요한 자산이 하나 있었다. 바로 그것은 레스토랑의 경쟁력을 향상시키기 위해 개발한 치킨 조리법과 비밀 레시피이다.

그는 포기하지 않고 자신의 조리법과 레시피를 활용해 다시 사업을 시작했다. 그는 미국 전역을 다니며 자신의 조리법을 팔고 다녔지만 1,008번의 거절을 당했다. 그럼에도 포기하지 않고 자신의 조리법을 알아봐줄 사람을 찾아다녔다.

마침내 미국 유타 주 솔트레이크시티에서 사업가인 피트 하먼을 만나게 되었다. 피트 하먼은 자신의 동네에서 만나보지 못했던 닭고기 튀김에 많은 관심을 갖게 되어 마침내 커넬 샌더스의 조리법을 구매하기로 결정을 했다.

피트 하먼은 커넬 샌더스가 개발한 닭고기 튀김을 커넬 샌더스가 켄터키 대령이라는 애칭을 쓴다는 점에서 착안해 '켄터키 프라이드 치킨KFC'이라고 부르고 판매에 나섰다. 세계 최대의 치킨 프랜차이즈 KFC는 이렇게 태어나게 된 것이다.

꿈을 품었다면 끈기를 가지고 포기하지 않아야 한다. 반드시 이루어질 때까지, 원하는 것을 얻을 때까지 절대로 포기하지 않아야 한다.

꿈을 성취하지 못하는 것은 능력이 없어서가 아니라 중간에 포기하기 때문이다. 포기하지 않고 전진하는 사람만이 성공할 수 있다. 이번이 마지막이라고 생각할 때 한 번 더 도전하고 하루 더 견뎌야 한다. 한 발짝만 더 나아가면 반드시 꿈을 이루게 되며, 정상에 올라갈 수 있다.

절대로 포기하지 말자.

포기하고 싶을 때가 생기면, 그 포기하고 싶은 마음을 포기하면 되는 것이다. 아무리 절망 가운데 있다 할지라도 꿈을 생생하게 그리고 포기하지만 않으면 현실이 되어 성공을 안겨주게 될 것이다. 지금 힘들다고 좌절하면 성공의 꽃은 피어나지 않게 된다. 성공은 계속되는 실패 속에서도 포기만 하지 않으면 반드시 성취할 수 있다.

포기하지 않는 사람만이 실패를 승리로 전환할 수 있다. 실패하지 않는 유일한 방법은 포기하지 않는 것이다. 99%가 될 때까지 도전하다가 다음 도전에 포기한다면, 확률은 0%가 된다는 것을 알아야 한다.

05
인생은 지금부터 시작이다

인류의 평균수명이 늘어난 것을 감안해서 유엔에서는 새로운 5단계 생애주기를 발표했다.

0세부터 17세까지가 미성년자이고, 18세부터 65세까지 청년이라 한다. 중년을 66세부터 79세까지라고 했으니 그러고 보면 나는 중년에 속하는 나이다. 80세부터 99세까지를 노년이라 하고 100세 이후를 장수노인이라 한다.

김형석 교수는 인생에서 가장 행복한 연령대가 60대 중반 이후라고 했다.

자녀들 교육도 마쳐서 결혼까지 시키고 본인도 사회적으로, 경제적으로 안정된 상태인 것이 그런 이유인 것 같다는 생각이 든다. 하지만 건강에 문제가 생겨서 몸이 아프든지, 살아가기가 너무 힘든 사람에게는 행복하다고 볼 수 없다.

건강 100세를 이야기한 것은 벌써 오래되었고, 지금은 120세를 이야기하고 있다. 그러고 보니 인생을 마무리할 때가 된 것이 아니라 반보다 조금 더 살았으니 이제부터 시작이다.

대부분의 사람들은 '이 나이에 무엇을 해, 이제는 아플 나이도 됐지 뭐?' 하고 말하는 것을 보게 된다. 물론 틀린 말은 아니지만 그렇다고 맞다고도 생각하지 않는다.

요즈음에는 건강에 관심을 가지고 건강관리를 잘하기 때문에 90세의 어르신들도 70세 정도밖에 안 보이는 분도 많다. 오히려 젊은 사람도 아픈 사람이 많은 것을 보게 된다. 앞으로 살아갈 날이 살아온 날보다 적으리라고 미리 예단할 필요는 없다.

지금까지 열심히 뛰어온다고 달려는 왔지만 별로 만족할 만큼 이루어놓은 것이 없다. 그래서 나는 인생의 중반전, 후반전을 잘 달리기 위해 나의 인생계획표를 새로 작성하기로 결심했다. 그리고 나의 멋진 꿈을 향해 나아기로 했다. 나의 인생은 지금부터 시작이다.

많은 사람들은 새로운 일을 두려워하며 엄두를 내지 못하고 도전하지 않고 있다. 하지만 나는 배울 곳이 있으면 거리를 따지지 않고 어디나 쫓아가서 배운다. 물론 청년을 따라가지는 못하겠지만 항상 에너지가 넘친다. 좋은 것은 무엇이든지 배우고 싶고 무엇이든지 하고 싶은 꿈과 열정이 생기는 내가 나는 참 좋다.

나는 나를 참으로 좋아한다. 나는 내가 그냥 좋다. 나는 나를 사랑하고 축복한다. 나를 사랑하지 않고는 남을 사랑할 수 없기 때문이다.

50대 중반까지만 해도 나의 건강에 신경을 쓰지 못했지만 지금은 열심히 건강을 챙기고 있다. 내가 건강하지 못하면 남을 돌볼 수 없기 때문이다.

지금 내 건강나이는 40대 중반 정도이다. 병원에서 밤번 근무를 하면서 낮에 활동을 해도 별로 피곤하지도 않고 지치는 것을 잘 못 느낀다. 다른 사람은 하루저녁만 잠을 못 자도 힘들어하는데 나는 정말 감사하다. 뛰어가도 걸어가도 피곤치 않고 날마다 새로운 힘을 주시는 하나님께 감사하고 있다.

나는 지금 내 몸과 마음이 최상의 상태에 있다고 느끼며, 어느 때보다 꿈을 이루기 위해 기쁨을 갖고 열정적으로 생활하고 있다.

평균수명이 늘어나면서 누구나 은퇴 후에 오래 살 것이라고 생각한다. 몸이 아프게 오래 사는 것이 아니라, 건강하게 살고 싶어 한다.

생활습관이 장수를 결정하게 된다. 우리에게 주어진 생명의 권한은 하나님께 있다는 것은 누구나 다 아는 사실이다. 하지만 우리가 자신의 심신을 어떻게 관리하느냐에 따라서 그 시기는 연장될 수 있다. 지나온 삶을 성찰하고 앞으로의 삶을 계획한다면 건강하고 의미 있고 충만한 삶을 살 수 있을 것이다.

사람들은 인생을 여행에 비유한다. '인생 여행'에 나선 모두가 화창한 날 떠나는 여행처럼 즐거운 여정을 바란다. 그리고 자신이 원하는 목적지를 향해 가는 길이 순탄하기를 원한다. 하지만 현실은 그렇지 못하다. 보란 듯이 원하는 인생을 살아보고 싶었는데, 갈림 길에 설 때마다 어디로 가야 할지 망설이게 된다. 주위에 있는 사람들마다 원하는 인생을 향해 속도를 내지만, 항상 부족하다. 더 속도를 내서 달려야 현실을 유지할 정도다 보니 허탈하게 느낀다.

나는 진짜 원하는 삶을 살고 있는지 자신에게 물어볼 필요가 있다. '인생에서 늦었을 때란 없다.'는 것을 깨닫게 될 때 삶의 변화가 시작될 수 있다.

변화는 외부에서보다도 내부의 열망으로 시작된다. 자신이 진짜 인생을 살고 싶다는 열망이 어제와 다른 오늘을 살게 하는 것이다.

내가 가고 있는 길이 안개 속처럼 희미할지라도 안개는 금방 걷히게 된다. 이제 어제와 같은 삶의 생각과 습관에서 벗어나야만 한다.

다시 시작하겠다는 마음을 품자.

다시 시작하면 못 이룰 일이 없고, 할 수 없는 일이 없다.

삶에서 넘어졌다면 홀홀 털어버리고 다시 일어서야 한다. 마음이 무너졌다면 무너진 마음을 다잡고 다시 해보자는 용기를 품고 나아가는 것이다. 상처로 인해 마음이 아프다면 그대로를 수용하고 사랑하며 다시 삶을 시작하는 것이다. 지친 마음을 스스로 토닥여주며 자신감을 불어 넣어주도록 해야 한다.

자, 이제부터 시작이다. 볼 수 있는 데까지 최대한 멀리 가자. 그곳에 이르게 되면 우리는 그보다 더 먼 곳을 볼 수 있다. 성공에 이르는 여정에서 무엇보다도 중요한 것은 지금 당장 행동으로 옮기는 것이다. 바로 그 시작을 지금 해보자.

성공과 행복의 열쇠가 무엇인지 찾아내기 위한 연구를 50여 년이나 했던 하버드 대학의 에드워드 밴필드 박사는 이렇게 그의 생각을 이야기했다.

"우리 사회에서 가장 성공한 사람은 10년, 20년 후의 미래를 생각하는 장기적인 전망을 갖고 있는 사람들이었다."

또한 일본의 저명한 컨설턴트인 간다 마사노리는 이렇게 말했다.

"99퍼센트의 사람들은 현재를 보면서 미래가 어떻게 될지를 예측하고, 1퍼센트의 사람만이 미래를 내다보며 지금 어떻게 행동해야 할지 생각한다. 당연히 후자에 속하는 1퍼센트의 사람만이 성공한다."

그러므로 성공하는 것은 간단하다. 그렇게 하려면 미래로부터 역산해서 현재의 행동을 선택하는 습관을 갖는 것이다. 목표달성으로부터 역산해서 지금 당장 할 일을 선택하자.

10년 후 달성하고 싶은 목표는 무엇인가? 지금까지 이 목표를 달성하기 위해서 어떤 스케줄링을 준비하고 있는가? 그 목표를 달성하기 위해 지금 당장 해야 할 작은 일은 무엇인가? 스스로에게 늘 질문을 해야 한다.

누구나 과거를 돌아보면 아쉬운 일이 많을 것이다. 어제는 지나갔고 내일은 누구나 장담할 수 없다. 그러니 오늘을 위해서 살아야 하며, 현재에 있는 곳에서 출발해야 한다. 이제 과거는 미련 없이 날려

보내고 새로운 일을 다시 시작하자.

과거에 대해서는 할 수 있는 일은 하나도 없다. 하지만 오늘에 대해서는 할 수 있는 일이 아주 많다. 과거의 어처구니없는 선택 때문에 나머지 인생을 엉망진창으로 살아가면 안 된다. 남은 인생을 그럭저럭 버티면서 아무렇게나 살아 갈 생각이어서도 안 된다.

이제는 늦어 회복이 불가능하다는 생각으로 채워 있지 않은가?

어떤 경우에서든 과거에 연연해서는 안 된다. 이미 지나간 과거 때문에 속을 끓이는 부정적 태도는 버려야 한다. 바꿀 수 없는 문제가 아닌 바꿀 수 있는 문제에 초점을 맞추어야 된다. 과거에 대한 후회는 미래에 대한 희망과 꿈을 파괴할 뿐이다.

슬픔을 딛고 일어서자. 새로운 태도를 가지고 앞을 향해 힘찬 발걸음을 내딛어야 한다. 과거는 어디까지나 과거일 뿐이다. 과거에 묶여 있는 만큼 손해다. 현재 어떤 상황에 있다할 지라도 새롭게 출발해야 한다.

내 인생의 광명은 지금부터 시작이다. 지금보다 더 좋은 시기는 없다. 오늘 변하지 않으면 더 이상 물러 설 곳이 없다. 늦었다고 생각할 때가 가장 빠른 것이다. 지금 우리 앞에 정상으로 오르는 지름길이 펼쳐진다.

인생에 있어서 늦은 나이는 절대 없다. 성공한 사람들을 보면 젊었을 때부터 잘 나간 사람들도 가끔 있긴 하지만 거의 대부분 늦은 나이에 성공한 것을 볼 수 있다.

무언가를 해야겠다고 마음먹고 즉시 실행에 옮기는 순간이 가장 빠르고 좋다. 그렇지만 지금 당장 시작하지 않으면 늦게 된다. 지금 이 시간은 한번 지나가면 다시는 오지 않기 때문이다. 세월이 흐른 뒤에는 아무리 후회를 해도 지나간 시간을 되돌릴 수는 없다.

항상 준비를 하는 자만이 기회를 잡을 수 있다.

어떤 경우에서든 과거에 연연해서는 안 된다. 이미 지나간 과거 때문에 속을 끓이는 부정적 태도는 버려야 한다. 바꿀 수 없는 문제가 아닌 바꿀 수 있는 문제에 초점을 맞추어야 된다. 과거에 대한 후회는 미래에 대한 희망과 꿈을 파괴할 뿐이다.

(06)
시련을 피할 수 없다면 즐기자

윈스턴 처칠이 작전 실패의 책임을 지고 물러나 전선으로 좌천되었을 때다.

당시 그의 좌우명은 "전쟁은 웃으면서 하는 거야."였다.

실제로 그는 부하들과 함께 웃으면서 전투를 했다. 물론 처칠이 전쟁 그 자체를 즐긴 것은 아니다. 어차피 해야 할 전쟁이라면 두려움과 공포에 벌벌 떨면서 하느니보다는 차라리 웃으면서 하는 게 낫다는 판단을 내렸을 뿐이다.

그 당시에 처칠은 몇 차례의 죽을 고비를 기적적으로 넘기고 살아남았다. 그가 막사를 떠난 지 5분 만에 포탄이 떨어져서 그 안에 있던 사람들 전부가 죽은 적도 있었다. 처칠의 낙관적인 자세가 기적을 가져오게 되었다고 나는 생각한다. 오늘날의 기업세계에 있어서도 마찬가지이고 우리의 삶도 다를 바 없다.

성공한 사람들은 수많은 시련과 역경을 만나면서 자신의 꿈을 포기하지 않는다. 그들은 새로운 일에도 두려워하지 않고 도전하며 끊임없는 노력으로 성공을 이루어내고 만다. 그래서 과거의 시련과 역경을 피하지 않고 잘 견딤으로 승리할 수 있다. 하지만 대부분의 사람들은 이러한 시련을 극복하지 못하고 좌절하고 포기한다. 자신이 겪은 과거의 아픔을 그대로 끌어안은 채로 힘들게 살아간다. 시련을 이겨내는 사람과 시련을 이겨내지 못하는 사람의 차이는 마음가짐에 있다.

2000년도에 인천 쪽에 '꿈이 있는 교회'를 크지는 않았지만 인테리어를 아주 예쁘게 해서 개척했다. 오는 사람마다 '교회가 어쩌면 이렇게 예쁘냐?' 할 정도로 아담하면서도 매우 아름다웠다.

열심히 전도도 하고 기도하며 기쁨으로 일을 했다. 선교회에서 대형버스 5대에 200명 정도 인원이 와서 교회 주변에 아파트, 연립, 단독, 상가 등을 돌며 전도를 여러 차례 해주었다.

교회에는 많은 책들을 준비해놓았고 또한 청년들이 마음껏 활용할 수 있도록 여러 가지 편리시설을 해놓기도 하며 직업 상담과 결혼 상담을 했다.

다음 세대를 키우기 위해 꿈을 갖게 해주고 학생들을 위한 학습도 펼쳐가며 부흥을 놓고 최선을 다하고 있었다. 그런데 생각지도 않게 상가 건물의 주인이 새로운 사람으로 바뀌게 되었다. 그러면서 자기들이 쓰겠다고 교회를 비워 달라고 하는 것이다.

교회를 세우기 위해 모든 것을 쏟아 부었는데 하나도 건지지 못하고 그냥 나올 수밖에 없었다. 계약 당시에 집주인이 대출을 많이 받아서 어렵게 산 건물에 들어갔기 때문에 어쩔 수 없었고, 남의 건물에 너무 많은 돈을 들여서 인테리어를 한 것이 잘못이었다.

5년 동안 어렵고 힘든 일을 수없이 겪어가며 눈물로 세운 교회인데 정말 가슴이 너무 아팠다. 교회를 세우는 것보다 그만두는 것이 몇 배로 더 힘이 들어 몸이 많이 수척해졌다.

청소년들을 키워나가며 어르신들도 모시려고 복지사자격증도 취득해놓았었다. 정말 꿈이 많은 '꿈이 있는 교회'를 할 수 없게 되는 것을 생각하니 계속 흘러내리는 눈물을 막을 길이 없었다. 그렇다고 다른 곳으로 이전할 형편도 못 되었다. 돈을 가지고 있는 것이 하나도 없었기 때문에 어쩔 수가 없었다. 하지만 '기억하라, 아픔의 기억이 나에 삶에 있어서 큰 힘이 된다.'라는 사실이야말로 나를 어떠한 어려움에서도 견딜 수 있게 하는 에너지가 되었다.

'나를 아프게 하는 것이 나를 강하게 만든다.'라는 말은 정말 살아가는 데 꼭 필요한 말이 되어 나를 성공으로 안내해주고 있다. 설상가상으로 그때 목사였던 제부가 위암 말기가 되어 위독한 상태에 있었다.

자신의 몸이 안 좋아 회복하기가 힘든 것을 알고는 '영광교회를 도와 달라.'는 말을 유언으로 남기고는 하늘나라로 간 것이다.

살려 보려고 좋다는 곳에 다 쫓아다니고 몸에 좋은 것은 다 먹고 했지만 백약이 무효였다. 너무나 빠르게 죽음을 맞이하게 된 것은 항암제 투여가 제일 큰 원인이었다. 항암 2차, 3차까지는 버텼지만 4차를 하게 되었을 때 몸이 더 이상 지탱할 힘이 하나도 없었다.

항상 세미나도 같이 다니며, 전국을 무대 삼아 전도도 늘 함께 다녔는데, 말로 다 할 수 없는 슬픔이었지만 하나님의 뜻을 어찌하겠는가? 순종하고 살아가는 것이 우리의 삶인 것을.

그렇게 떠난 지 10년이 넘도록 거리가 멀지만 아무리 피곤하고 바빠도 광명에서 의정부를 오가며 교회를 협력하며 사명을 감당하고 있다.

아직까지는 교회를 통해 꿈을 못 이룬 것 같지만 또 다른 꿈을 향하여 나아가고 있다. 지금 조금 어렵고, 시련이 길게 느껴지더라도 즐기면서 천천히 가고 있다. 천천히 간다 해도 바른 방향으로만 가게 되면 목적지에 다다를 수 있다. 아무리 마음은 바빠도 사람의 한계가 있고 신의 영역이 있다는 것을 누가 부정하겠는가? 최선을 다하면서 맡길 수밖에 없기에 나는 오늘도 꿈을 향하여 묵묵히 내가 갈 길을 가고 있다.

카네기멜론 대학교의 랜디포시 교수는 말기 암인데도 마지막 강의에서 시련에 대해 이렇게 표현했다.

"시련이 존재하는 이유가 있습니다. 시련은 우리를 몰아내기 위해 존재하는 것이 아닙니다. 시련은 우리가 무언가를 얼마나 간절히 원하는지 깨달을 수 있는 기회를 주기 위해 있는 것입니다. 그것을 간절히 원하지 않는 사람에게 시련은 그만하라고 말합니다. 시련은 그런 사람들을 단념하도록 하기 위해 존재합니다."

랜디 포시 교수의 말처럼 정말 간절히 원한다면 어떠한 시련과 역경이 온다 해도 정면으로 부닥쳐나가게 된다. 그렇지 않다면 시련과 역경이 찾아 올 경우 좌절하고 포기할 것이다.

어떤 일이든 중간에서 포기하고 만다면 아무것도 얻지 못한다. 성공한 사람들은 수많은 시련과 역경을 당하면서도 자신의 꿈을 포기하지 않는다. 새로운 일을 두려움 없이 도전하고 끊임없이 노력해서 성공을 이루어내고 만다. 수많은 시련과 역경 속에서 오히려 더 큰 꿈을 꾼다. 자신이 겪은 아픔으로 인해 힘든 삶을 살지 않고 오히려 모든 사람에게 열정을 쏟아 붓는다. 시련을 이겨내는 사람과 이겨내지 못하는 사람의 차이는 시련을 이겨내겠다는 마음가짐에 있다.

나에게 큰 꿈이 주어졌다면, 그 꿈의 크기만큼이나 큰 시련이 올 수도 있다. 조개 속으로 들어온 모래로 인하여 조개가 아픔의 액체를 내고 그것이 모이고 굳어져 진주가 된다. 이처럼 우리의 약점, 모든 슬픔도 진주처럼 변할 수 있다.

큰 꿈을 품은 사람일수록 당하는 시련이야말로 엄청나게 크다.

어느 한 사람도 예외 없이 연단의 불도가니 속에서 불순물을 걸러내는 과정을 거치게 된다. 그러나 아무리 극한 상황에 있다 할지라도 결코 죽으라는 법은 없다. 발버둥을 쳐도 원점에 서 있는 것만 같이 느껴질 때도 있다. 누구한테 한마디 말도 못 하고 버텨야만 하는 긴 날을 견디어 가며, 가슴이 미어지고 아프고 저려올 때 소리 내어 크게 웃어보자.

길도 빛도 보이지 않는 태산 같은 문제 앞에서 흥얼거리며 콧노래를 부르는 것이다. 땅이 꺼져라 한숨을 쉰다고 문제가 해결되는 것이 아니기 때문이다. 그럴 바에는 오히려 다른 방법을 찾아보는 것이다. 성경의 인물 솔로몬의 말처럼 '이 또한 지나가리라.'

쉴러는 "강한 사람이란 가장 훌륭하게 고독을 견디어 낸 사람이다."라며 고통의 쓴 물을 삼키며 고독의 시간을 보낸 적이 많이 있었다고 한다.

시련을 피할 수 없다면 즐기자.

성공의 길이 너무 어렵고 아득하게만 느껴지는가?

끝까지 참으면서 언젠가 성공하겠다고 안간힘을 쓰지 말아야 한다. 참고 또 참으며 먼 훗날의 즐거움을 위해 현재의 자신을 고통스럽게 끌고 다니지 말자.

성공의 길을 가로지르기 위해 매일의 여정에 기쁨이 넘쳐야 한다. 지극한 즐거움 속에서만 시간을 보내면, 뭔가 잘못되고 문제가 생겨야 할 것 같은데 오히려 매사가 더 잘 풀리고 잘되기만 한다.

나에게 닥친 모든 시련의 과정을 즐기자. 그칠 줄 모르고 계속되는 시련을 즐거운 놀이로 만들자.

노력하는 자는 천재를 이기고 즐기는 자는 노력하는 자를 이길 수 있다.

지금의 선택이 미래를 결정한다

인생은 항상 선택이다.

식당에서 아무리 다른 것을 원해도 주문한 메뉴만 나오게 되어 있다. 그러나 인생을 살아가면서 우리는 넓고 넓은 아름다운 세상에서 바라는 대로 될 수만은 없다. 모든 것을 다 할 수도 없으며 모든 것을 다 가질 수도 없다.

우리는 항상 무언가를 선택해야 한다. 그것은 우리의 인생에서 가장 중요한 행복, 건강, 평화, 재산, 안정, 우정, 가족, 그리고 희망이란 것에 있어서 얼마만큼 성공적으로 살았는지를 가늠하는 기초가 된다.

무엇을 선택하고, 무엇을 거절해야 할지는 어디까지나 자신에게 달려 있다.

인생에서 가장 중요한 시기는 젊은 시절이다. 젊은 시절을 유익하게 보내야 한다. 이 시기에 지식의 기반을 충분히 쌓아야 한다. 질질 끌려 다니지 않고 능동적인 삶을 살아야 한다.

내가 나이가 많아도 독서의 즐거움에 푹 빠져들 수 있는 것은 젊었을 때 열심히 공부한 덕분인 듯하다. 젊은 날을 그냥저냥 빈둥거리며 무의미하게 흘려보낸다면 나중에는 머리가 텅 빈 보잘것없는 사람이 될 수밖에 없다. 하지만 반대로 시간을 가치 있게 쓴다면 하루하루가 쌓이고 쌓여서 반드시 큰 선물을 안겨줄 것이다.

앞으로 현명한 사람이 되는가, 어리석은 사람이 되는가는 지금 이 시간을 어떻게 활용하느냐에 달려 있다. 성공하는 삶과 실패하는 삶, 자유로운 삶과 구속받는 삶은 오직 시간을 어떻게 보냈는가에 따라 결정되는 것이다.

우리는 살아가면서 늘 선택에서 자유롭지 못하다. 인생의 갈림길에서 항상 고민하게 된다. 하지만 어떤 선택을 하든 그 상황에서 최선을 하면 된다. 일단 선택을 한 후에는 그때의 마음 그대로 열심히 노력해야 한다. 그때의 선택이 잘된 선택이었는지 잘못된 선택이었는지는 그다음 문제다. 그 선택이 잘한 선택이면 더 잘되도록 앞으로 노력하면 된다.

지나간 과거는 되돌릴 수 없고 내일은 아직 오지 않았다. 과거는 되돌릴 수 없지만 미래는 바꿀 수 있다. 지금 어떻게 행동하느냐에 따라서 미래가 달라진다.

따라서 지금 이 순간을 놓치지 말고, 지금 이 순간을 헛되게 보내지 말아야 한다. 지금 이 순간이 모여 미래가 결정되기 때문이다. 지금 이 순간이 모여 인생이 이루어지는 것이다. 지금 내가 살고 있는 모습은 과거에 자신이 선택했던 결과이다.

우리는 자신이 가보지 않은 길에 대해서는 미련이 많다. 특히 현재의 모양새가 만족스럽지 못할 경우에는 더더욱 과거에 가지 못했던 길에 대해서 아쉬움과 후회를 갖기 마련이다.

하지만 어떤 일을 하든지 처음이 어렵고 두려운 법이다. 두려운 만큼 용기를 내어 얼마나 절실하게 노력하느냐에 따라 그 두려움은 사라지게 되어 있다. 진정한 용기는 두려움을 느끼지 않는 것이 아니라 두려워하면서도 목표를 향해서 나아가는 것이다. 그러한 생각들은 시간이 지난 후에는 다 부질없는 생각이며 망상에 불과하다. 그런 생각은 다시 새로운 일을 하려고 재기하려는 우리의 마음을 한없이 약화시키고 패배자로 만들기 십상이다.

또다시 인생의 패배자가 되지 않기 위해서는 지난 일은 잊어버리고 현재 무엇을 할 것인가에 생각을 집중하여 자신이 바라고 원하는 소기의 목적을 달성하는 것이 중요하다.

우리는 항상 올바른 선택과 지혜로운 선택을 해야 한다.

지금 어려운 상황에 있을지라도 좌절하지 말자. 물이 흐르듯, 바람이 흘러가듯 어려움 또한 지나갈 것이다. 혹독한 겨울을 이겨낸 씨앗은 봄에 아름다운 꽃을 피워내지만, 그 겨울을 견뎌내지 못한 씨앗은 싹을 틔울 수 없다.

이 순간 가장 중요하다고 생각되는 일부터 시작해야 한다. 현실 그대로를 받아들이고 자신이 처한 상황을 올바르게 판단하는 것이 매우 중요하다.

현실을 올바르게 파악한다는 것은 계획을 세워 지속적으로 실행해 나가는 일이기도 한 것이다.

계획을 한 가지만 세우는 것이 아니라 차선의 방법도 세워 실패했을 경우 다음 단계로 옮겨야 한다.

나는 현실을 철저하게 깨닫고 불투명한 미래에 대한 도전으로 새로운 인생을 위해 책 쓰기를 하고 있다.

100세 시대를 이야기하고 있는 이때에 그럭저럭 시간을 보낼 수는 없다.

현재는 병원에서 근무하고 있고 언제까지 하게 될지는 모르지만 무엇인가 다른 일을 시작해야 한다.

많은 사람들이 은퇴하면서 앞날을 위해 새로운 일에 도전하고 있다. 하지만 그냥 아무런 대책 없이 시간만 흘려보내는 사람도 주변에 많이 있는 것을 보게 된다.

할 일이 있어 활동을 할 때 몸이 더욱 건강하다. 그리고 꿈이 있고 목표가 있는 사람은 항상 부지런하다.

모든 사람들이 바쁘게는 살고 있지만 특별히 할 일이 없는 사람들이 더 시간에 쫓기고 허둥지둥하고 있다. 그러나 사소한 일로 시간을 보내면 작은 것을 얻는 대신 큰 것을 잃게 된다.

인생은 선택의 연속이다.

우리는 '순간의 즐거움'과 '기대감과 성취감으로 가득 찬 즐거움' 중에서 하나를 선택해야 한다. 항해 중인 배를 동경의 눈으로 바라만 볼 것인지, 배를 타고 항해를 할 것인지.

사소한 것에 목숨을 거는 이유는 여러 가지로 볼 수 있다. 삶의 목표가 아예 없거나, 목표가 너무 높아서 비현실적으로 느껴지기 때문이다.

성공하는 사람들은 해야 할 일이 뚜렷하기 때문에 대범하다. 확실한 목표를 세우고, 시간을 유용하게 사용하며, 인맥과 함께 즐기며, 매일 매 순간을 열정적으로 살아간다.

인생은 오늘 내가 바꾸지 않으면 평생을 그렇게 살아갈 수밖에 없다. 90퍼센트의 사람들은 그냥 그렇게 살다가 죽는다. 현재의 내 인생은 이미 완성된 인생, 그 자체로 보면 된다.

한 번뿐인 인생인데 이대로 죽을 수는 없지 않은가? 나도 한번 멋지게 살아보겠다는 꿈을 가지고 미래를 설계해야 한다. 사소한 일로 시간 빼앗기지 말고, 더 이상 미루지 말고, 지금 이 자리에서 당장 선택하자. 인생의 반전을 꾀할 것인가, 지금처럼 살다가 죽을 것인가?

순간의 선택이 평생을 좌우한다. 어떻게 인생을 살아야 하는가를 진지하게 생각해 볼 필요가 있다.

인생에서 우선순위가 무엇인가?

에피쿠로스 학파였던 시인 호라티우스는 이렇게 말했다.

이 아니라 얼마만큼의 열정과 의지를 가지고 그 일에 매달리느냐에 달려 있다.

인생은 자신이 무엇을 선택하고 어디에 집중하는지에 따라 백팔십도 달라진다. 우리가 앞으로 어떤 인생을 살지는 바로 우리의 '선택'에 달려 있다. 우리가 어떤 목표를 선택하느냐에 따라서 앞으로의 인생이 달라질 것이다.

지금의 선택이 미래를 결정한다. 그러니 더 이상 망설이지 말고 앞으로 나아갈 방향을 설정하고, 목표를 세우자. 그런 다음 꾸준히 노력하자. 단 목표는 반드시 구체적이고 명확해야 한다. 목표가 구체적이지 않으면 잠재력을 효과적으로 발휘할 수 없게 되고 적극성을 떨어뜨린다. 최종 목표로 한 꿈을 이루기 위해서는 돌직구를 던질 수도, 이리저리 다른 길을 통해 올라갈 수도 있다.

지나간 과거는 되돌릴 수 없고 내일은 아직 오지 않았다. 과거는 되돌릴 수 없지만 미래는 바꿀 수 있다. 지금 어떻게 행동하느냐에 따라서 미래가 달라진다. 따라서 지금 이 순간을 놓치지 말고, 지금 이 순간을 헛되게 보내지 말아야 한다. 지금 이 순간이 모여 미래가 결정되기 때문이다.

SUCCESS STORY

3장

세상은 나의 행동을
기다리고 있다

세상은 나의 행동을 기다리고 있다

블레이크가 그 집을 방문해보니 부인의 말과 같이 뼈만 앙상하게 남은 채로 침대에 누워서 천장만 바라보고 있었다.

그는 블레이크를 보더니 간신히 일어나서 말했다.

"선생님, 그동안 저는 더 이상 생각할 수 없을 때까지 생각했습니다. 위대한 사상가가 되려면 얼마나 더 생각해야 하나요?"

그러자 블레이크가 물었다.

"매일 생각만 하고 행동하지는 않았군요. 대체 무슨 생각을 그렇게 했습니까?"

그러자 그 남자가 대답했다.

"머리에 더 이상 담아둘 수 없을 정도로 많습니다."

그 말을 듣고 블레이크는 이렇게 충고했다.

"내가 깜박 잊고 말씀드리지 못했군요. 행동하지 않는 사람의 생각은 쓰레기와 같다는 것입니다."

우리도 이처럼 지금까지 생각만 하고 실행에 옮기지 않은 것이 있는가? 그렇다고 한다면 그것은 무엇이고 아직도 머릿속에만 담고 있는 이유는 무엇인가?

프랑스의 철학자이며 수학자, 물리학자인 데카르트는 '나는 생각한다. 고로 존재한다.'라는 유명한 말을 남겼지만 이제는 바꿀 필요가 있다. '나는 존재한다. 고로 행동한다.'라고.

정말 행동하지 않는 생각은 쓰레기에 불과한 것이다.

로마 초기의 시인이며 극작가인 엔니우스는 '말하자마자 행동하는 사람, 그것이 가치 있는 사람이다.'라고 했다.

미국의 정치가이자 교육자, 철학자인 토머스 제퍼슨은 '지나치지 않고 알맞게 행동해서 후회하는 일은 없다.'라는 말을 했다.

뜻을 이루지 못해 실의에 빠진 젊은이가 있었다. 그는 복권에 당첨돼 일화천금을 얻는 행운을 매일같이 꿈꿨다. 그러면서 2-3일에 한 번씩 교회에 가서 기도를 드리곤 했다.

"주님! 주님을 향한 저의 마음이 이리 독실하니 복권에 꼭 당첨될 수 있게 해주세요!"

이 일을 매주 반복했지만 그는 한 번도 복권에 당첨되지 못했다. 시간이 어느 정도 지났을 때 화를 내며 불만에 섞인 기도를 하였다.

"주님! 왜 제 기도를 들어주지 않으시는 겁니까?"

이때 한 음성이 들려왔다.

"그동안 너의 기도를 모두 듣고 있었느니라. 그러나 복권을 먼저 사놓고 기도해야 하지 않겠니?"

렘 차란은 하버드대 경영대학원 MBA와 DBA 학위를 보유하고 있는 베스트셀러 작가이자 훌륭한 교수이다. 그는 지금 바로 행동하지 않으면 모든 꿈이 아무런 가치가 없게 되고 목표에 도달할 수 없다고 말한다. 행동이 목표와 결과 사이를 이어주기 때문에 매우 중요하다고 했다.

하버드대 출신의 엘리트들이 자아실현을 할 수 있었던 것은 그들

그저 그날그날 시간 채우는 데 급급해서 미래도, 용기도, 희망도 없이 아까운 시간을 허비한다.

윤택한 삶을 살고자 한다면, 명성을 얻어 사회적으로 인정받고 싶다면 지금까지의 습관처럼 소극적으로 관망하는 태도를 버려야 한다. 무기력한 자세, 타인에게 끌려가는 수동적인 사고방식을 가져서는 안 된다. 에너지가 넘치는 행동으로 실천하는 것이 잘사는 비결이다.

행동하고 실천하자. 행동은 우울증과 불안, 가난과 소외감, 공포와 근심, 무기력하고 무능력한 상태에 대한 가장 최상의 방법이다.

성공한 사람들은 자신의 인생은 자신이 주인공이라는 생각으로 끊임없이 행동하고 실천한다.

이제 행동하는 사람이 되어야 한다. 장래에 어떤 모습으로 살아갈 것인가에 대한 확실한 꿈과 신념을 가지고 매일 열심히 노력하는 삶을 살아야 한다. 우리가 가지고 있는 꿈을 행동으로 옮겼을 때 우리의 인생은 원하는 방향으로 전개된다. 늘 생각하고 행동하자. 사고와 행동이 결합되면 우리의 운명이 바뀐다. 행동이 따르지 않는 생각보다는 생각 없는 행동이 오히려 낫다. 긍정적인 사고로 성공한 사람처럼 행동하자. 성공한 사람처럼 행동하면 우리는 이미 성공을 향해 나아가는 것이다.

성공하는 사람은 말만 그럴 듯이 하는 인간이 아닌 행동하는 사람이다. 언행일치로 스스로 말한 것을 실천하고 행동하는 것이다.

2,000년 전에 그리스의 철학자 소포클레스는 이처럼 말을 했다.

"하늘은 행동할 마음이 없는 사람은 도와주지 않는다."

2,000년 전이나 현재나 성공의 비결은 똑같다.

진정한 성공은 실천의지를 행동으로 구체화시킨 사람들만이 누릴 수 있다. 지금까지도 그랬고, 앞으로도 그럴 것이다. 성공은 끊임없이 움직이고 실천한 결과이다. 사람들은 누구나 성공을 원하고 있다. 하지만 탁상공론만 하며 아무런 행동을 하지 않는다면 분명히 아무것도 이룰 수 없다. 뛰어난 아이디어를 가지고 있어도, 행동을 취하지 않으면 성공의 기회를 놓칠 수 있다.

바로 지금부터 자신을 바꿔야 한다. 말로만 하지 말고, 지금 바로 행동에 옮겨야 한다. 그리고 끊임없이 노력하자. 그러면 반드시 성공을 이루게 되어 자아를 실현할 수 있을 것이다. 좋은 아이디어와 좋은 계획을 제대로 실천에 옮기는 것은 좋은 아이디어 천 개를 생각해내는 것보다 훨씬 가치가 있다.

미국의 ABB 회장 퍼시 바네빅은 "성공의 5퍼센트는 전략이고, 95퍼센트가 행동이다."라는 말을 했다.

우리에게는 무한한 가치와 잠재력을 가지고 있다.

꿈꾸고, 원하는 목표를 향해 확신을 갖고 앞으로 힘차게 달려 나아가자. 우리는 이 세상 누구보다도 크나큰 성공을 이룰 수 있다. 지금까지 얻지 못했던 성공을 가져와 누리지 못했던 축복의 삶을 살아가게 될 것이다.

바라는 것들을 하나씩 과감하게 행동으로 옮겨야 한다. 남의 눈을

의식할 필요가 전혀 없다. 시도하지 않고는 아무것도 얻을 수 없다. 자기 계발을 위해서 투자하자. 책을 읽고, 원하는 소원을 이루기 위해 끊임없이 배우고, 당장 무엇인가를 시도하자.

미국의 소설가이면서 교수인 존 가드너는 《자기 혁신》이라는 책에서 '성공하는 사람은 자신의 잠재력을 개발할 기회를 놓치지 않는다.'라는 말을 했다.

세미나도 참석하고, 전문서적과 강의 테이프도 들으면서 만날 사람도 만나 조언도 구하자. 지극히 적은 일이라도 할 수 있는 것을 지금 행동으로 옮기자. 세상은 우리의 행동을 기다리고 있다!

진정한 성공은 실천의지를 행동으로 구체화시킨 사람들만이 누릴 수 있다. 지금까지도 그랬고, 앞으로도 그럴 것이다. 성공은 끊임없이 움직이고 실천한 결과이다.

부딪쳐라, 인생은 도전의 연속이다

대부분의 사람들은 꿈은 있지만 가족을 위해 어쩔 수 없이 자신의 꿈은 뒤로 한 채 현실에 순응하며 살고 있다. 지금 당장 먹고 사는 일에만 매달려 있다. 그리고 미래에 대한 불안을 느끼고 있을 뿐 일에 파묻혀 시간에 쫓기며 정신없이 살고 있다. 그러나 언제까지나 그러한 삶을 살아 갈 수는 없는 것이다. 아무리 바쁘고 힘이 들고 피곤하더라도 현실을 직시하며 나의 더 나은 앞날을 위해 준비하는 삶을 살아야 한다. 불투명한 미래를 위해 확고한 꿈을 가지고 목표를 정해 도전해야만 한다.

결국 인생의 성공과 행복은 자신의 가지고 있는 생각과 사는 방식에 따라 달라진다. 아무생각 없이 그럭저럭 살면 초라하고 비참한 인생을 살 수밖에 없게 된다. 확고한 꿈을 가지고 가슴 뛰는 삶을 살아갈 때 성공하는 인생을 살아 갈 수 있다.

우리의 삶은 너무나 귀한 것이며, 꿈을 이루기에는 시간이 많은 것이 아니고 너무나 짧다. 지금 바로 새로운 일에 도전해 부딪쳐야 한다.

나도 어린 시절에 확실한 꿈을 갖고 지혜롭게 도전했더라면 일찍 성공했을 것이다. 돌이켜보니 나는 50대 중반까지 꿈과 비전보다도 현실과 타협하며 살아왔다. 어느 누구보다도 열심히 배우고 도전하며 살아 온 것으로 알았는데 그렇지 않다. 아무것도 이루어 놓은 것이 없는 삶을 살아온 것이다. 내가 가는 길이 벼랑 끝인 줄도 모르고 브레이크도 밟지 않고 무조건 속도만 내서 달려온 것이다.

그리하여 나는 지금 잃어 버렸던 꿈을 찾아 목표를 정해놓고 새로운 일에 도전하여 책을 쓰고 있다. 작가의 꿈을 이루어가며 건강, 행복과 성공의 코칭, 신앙에 대한 상담, 커플 매니저로서, 강연가로서 눈부신 인생의 후반전을 위해 다시 시작하고 있다. 성공을 위해 확고한 꿈과 목표를 세워 열심히 도전을 하고 있다. 도전하는 과정 중에 수많은 어려움에 부딪칠지라도 이겨낼 수 있는 힘이 나에게는 있다. 내가 가지고 있는 확실한 꿈과 남보다도 뛰어난 열정, 또한 건강한 몸이 나를 성공으로 나아가도록 하고 있다.

꿈이 있는 사람은 강한 신념을 갖고 있기에 좌절하지 않고 도전하게 된다.

나이 때문에 자신은 아무것도 할 수 없다고 생각하는 사람보다 더 어리석은 사람은 없다. 나이가 많다고 도전을 하지 않는 것은 죽은 자의 영혼을 가지고 있는 것이나 다름없다.

우리에게 도전 정신으로 잘 알려져 있는 차사순 할머니의 이야기다. 69세의 늦은 나이에도 그녀는 집념과 끈기로 '959전 960기 신화를 보여주었다. 자동차 면허를 취득하기 위해 필기시험에 950번 도전한 끝에 합격했다. 960번의 도전 끝에 도로주행 시험까지 통과하여 2종 보통 운전면허 취득을 했다. 그녀의 포기할 줄 모르는 열정과 노력이 승리로 이끌었다.

이 사연은 야후닷컴에서 시작해 서울발 AP통신 뉴스, 〈뉴욕타임스〉 등에도 인간승리의 전형으로 대서특필되었다.

그녀는 노년임에도 도전과 실패를 두려워하지 않는 영원한 청춘을 간직하고 있었다. 오히려 수많은 실패를 성공으로 이끄는 디딤돌로 생각하는 긍정적인 분이셨다. 아무리 늦은 나이라도 열정과 도전이 있다면 반드시 성공한다는 것을 그녀를 통해 느낄 수 있다.

이처럼 성공한 사람들은 꿈을 가지고 있으며, 언제나 긍정적인 사람들이다. 항상 긍정적인 사고를 가지고 있기에 자신이 원하는 것을 기필코 이루어낼 수 있는 것이다.

꿈을 가지고 열정적으로 도전하기만 한다면 이루지 못할 것은 아무것도 없다. 우리는 꿈과 열정이 없었기 때문에 성공하지 못했던 것이다. 열정만 있으면 당장 내일 죽는다고 할지라도 무슨 일이든 해낼 수 있다.

인생은 도전의 연속이다. 살아가는 동안 인생은 마침표가 아니라 중간 중간에 쉼표를 두어 잠시 쉬어가며 끊임없이 도전해야 하는 과제이다. 이것이 태어난 이유이며 살아가는 목적이다.

우리 모두 후회하지 않는 삶을 살기 위해서 매 순간을 절박한 마음으로 살아야 한다. 죽음을 맞이할 때처럼 절박한 마음으로 살아간다면 하지 못할 일은 아무것도 없다. 성공한 사람들도 모두 절박한 마음으로 노력을 했기 때문에 이루어낸 것이다. 절박한 꿈이 없다면 도전하기란 매우 힘든 것이다. 수많은 내적 갈등과 좌절을 수반하기 때문이다. 하지만 도전하기도 전에 미리 겁부터 먹지 말고 일단 부딪쳐보아야 한다. 현재의 익숙해져 있는 삶을 박차고 세상 속으로 들어가야 한다.

'불편하거나 부자연스럽다는 생각이 들더라도 그 일을 피하지 말자!'라는 생각으로 두려워도, 힘들어도, 하지 못하는 일이라도 부딪쳐보는 것이다. 그렇게 눈 딱 감고 버티다 보면 어느새 새로운 환경에 익숙해져 긴장하지도 두려워하지도 않게 된다.

매일 나를 불편하게 하는 일을 하나씩만 해나가도록 하자. 그렇게 하다 보면 1년 후 놀라운 변화를 경험하며 성공으로 가는 길에 가까워질 것이다.

자신의 가치는 자신이 만들어 가야 한다. 자신의 가치를 결정하는 것은 삶의 순간들을 어떻게 변화시키느냐에 달려 있다. 진정 가슴 뛰는 삶을 원한다면 가슴 뛰는 인생을 스스로 개척해야 한다.

인생은 우리를 더 강한 사람으로 변화시키기 위해서 시련을 던져준다. 자신감을 가지고 도전한다면 더 큰 사람으로 성장한다.

부딪치자, 인생은 도전의 연속이다.

나이가 들어갈수록 새로운 일에 도전할 생각을 하지 않으려고 한다. 하지만 그것은 나이에 있지 않고 꿈이 없기 때문이다. 도전은 죽을 때가지 계속해야 할 인생자체인 것이다.

진정한 성공은 계속된 도전에 대한 열매이다. 도전하지 않는 인생은 살아 있는 인생이라고 말할 수 없다. 도전하는 인생은 나이가 들어도 아름답다. 도전하는 자만이 성공을 가져올 수 있다. 그렇지 않으면 성공이란 것은 평생 동안 결코 찾아오지 않을 것 이다.

도전 그 자체가 큰 성공이라 할 수 있다.

마음속에만 간직하고 있었던 꿈을 찾아내어 이루어질 때까지 도전하자. 주어진 상황을 피하지 말고 적극적으로 부딪치자.

꿈을 가지고 도전할 때 눈부신 성공이 우리를 기다린다. 행복은 아무나 만나주지 않고 도전하는 자에게만 만나서 선물보따리를 풀어준다.

죽음을 맞이할 때처럼 절박한 마음으로 살아간다면 하지 못할 일은 아무 것도 없다. 성공한 사람들도 모두 절박한 마음으로 노력을 했기 때문에 이루어낸 것이다. 절박한 꿈이 없다면 도전하기란 매우 힘든 것이다. 수많은 내적 갈등과 좌절을 수반하기 때문이다. 하지만 도전하기도 전에 미리 겁부터 먹지 말고 일단 부딪쳐보아야 한다. 현재의 익숙해져 있는 삶을 박차고 세상 속으로 들어가야 한다.

(03)
변화시켜야 할 것은
세상이 아니라 '나 자신'이다

　우리가 살아가고 있는 세상은 너무나도 급박하게 변하고 있다. 우리는 그 빠른 변화의 물결을 타지 않으면 좀처럼 살아남기가 힘든 세상에 살고 있다. 세상에서 변하지 않는 진리가 있다고 한다면, 무엇이든지 항상 변화한다는 사실이다.

　세상을 바꾸려 하려면 불행해진다. 세상이 아니라 생각을 바꿔야 한다.

　우리의 인생은 우리의 생각에 의해 만들어지는 것이다. 생각이 올바르고 긍정적인 사람들은 어려운 상황에서도 행복을 만들어 낸다. 생각이 바르지 못하고 부정적인 사람은 행복의 조건 속에서도 불행의 결실을 거둔다.

　자신의 불행한 조건은 세상의 조건이 아니다. 그 조건에 대처하는 자신의 마음을 바꾸어야 하는 것이다. 생각이 결과를 가져온다. 어떤 일이든 긍정적이고 적극적으로 생각하고 도전한다면 좋은 결과를 가져오게 된다. 행복한 생각, 성공의 생각을 해야 한다. 생각이 변해야 인생도 변하게 된다. 행복한 생각의 사람이 행복한 인생을 살 수 있다.

자제력은 자신을 통제하는 힘이다. 자신의 생각이나 말투, 행동에 대해 자신을 조절하는 것이다. '한사람의 성공을 가로막는 가장 큰 장애물은 다른 것이 아니라 바로 자기 자신이다.'라는 명언이 있다. 맞는 이야기다. 대부분의 사람이 자신을 제어하지 못하기 때문이다.

자신을 단속할 수 있어야 타인을 통제할 자격이 생긴다. 성공한 사람을 보면 자제력이 강한 사람들이었다.

자제력은 매우 중요하다. 자아를 실현하려면 남다른 자제력을 키워야 한다.

앨빈 토플러는 '21세기의 문맹자는 글을 읽을 줄 모르는 사람이 아니라 학습하고 교정하고 재학습하는 능력이 없는 사람이다.'라는 말을 했다. 이것은 변화하지 않으면 낙오될 수 있다고 하는 경고의 말이다. 인간의 참된 행복은 존재가 변화하고 성숙하는데 있다. 그러므로 우리들도 변화하는 세상을 끊임없이 감지하고 앞서가는 능력을 개발해야 한다. 남이 누군가를 변화시킬 수는 없는 것이다.

레오 톨스토이는 '모든 사람들이 세상을 바꾸겠다고 생각하지만 어느 누구도 자기 자신을 바꿀 생각은 하지 않는다.'라고 했다.

인간은 가장 변화하기 어려운 동물이라는 말이 있다. 사람들은 변화가 새로운 삶을 가져다 줄 것이라는 기대를 가지고 있기는 하지만 변화하는 것은 두려워하고 있다. 하지만 세상을 움직이는 힘이 변화이다. 사람다운 삶을 살고자 하는 모든 사람들에게 반드시 필요한 것이다. 변화는 우리의 삶에 지혜가 된다.

철학자 앙리 베르그송은 '변화하는 것은 성숙하는 것이며 성숙하는 것은 우리 자신을 끊임없이 창조하는 것이다.'라는 말을 했다.

나에게 좋은 사람이 와주길 바란다면 내가 먼저 좋은 사람이 되어야 한다. 나의 성품과 언행이 먼저 변하지 않고는 나에게 좋은 사람이 오는 것을 바라면 안 된다.

세상에는 다양한 사람들이 살아가고 있다. 그래서 모두에게 상황에 따라 적절하게 맞는 전천후의 사람이 되어가는 '변화'가 필요하다. 너무 예민한 사람, 쾌활하고 적극적인 사람, 조용하고 소심한 사람도 있다. 저돌적이고 과격한 사람, 행동이 너무 느리고, 우유부단한 사람도 있다.

세계인구 70억 중 얼굴이 같은 사람이 하나도 없고 성격이 똑같은 사람도 없다. 오죽했으면 오만가지상이란 말도 있을까? 이는 꼭 나쁘게만 생각을 할 필요가 없다. 저마다의 개성을 가지고 한 사람 한 사람 다 귀하게 태어났기 때문이다.

'저 사람은 나와 성격이 맞지 않아.', '왜 저모양이야?' 하며 비난하며 내 생각만 옳다고 하는 사람들이 너무나 많다. 그러나 지금까지 살아왔던 방법을 바꾸어 나가야 한다. 선입견과 편견을 버려야 한다.

세상을 살아가면서 여러 모양의 사람들을 만나고 있다. 나에게만 맞추려 해서는 안 된다. 서로 이해와 배려, 용서와 사랑을 가지고 살아 갈 때 세상은 아름다워질 것이다. 살고 싶은 세상, 만나고 싶은 사람으로 만들어가야 할 것이다.

사람은 사회적 동물이기 때문에 절대로 혼자서는 살아 갈 수 없다. 예전에는 똑똑하고 뛰어나 혼자만 잘하면 되었었다. 논리적이고, 분석적인 이론과 지식을 가지고 있어 성취욕이 높은 사람들이 성공하던 시대였다. 어디에서나 경쟁심을 가져야 했고 줄서기를 잘해야 하며, 기회주의자들이 잘되는 시대를 살아왔다.

그러나 이제는 아니다. 변화하지 않고는 살아 갈 수 없다. 인간관계를 잘하지 않으면 안 된다. 주변의 모든 사람에게 먼저 웃어주고 베풀고, 어려운 이웃을 돌아볼 줄 아는 그러한 사람으로 살아가야 한다. 내가 먼저 '괜찮은 사람'이 되려는 노력을 끊임없이 해야 한다.

변화하려고 노력을 하다 보면 습관이 되어 물질 이상의 엄청난 보상이 따르게 된다. 자신의 깊은 내적 성장을 가져오게 됨으로 주변 사람들과의 관계가 좋아지게 된다. 어떤 곳에서, 어떤 직업을 가지고, 어떤 사람들과 함께 일하며 살아가든지 세상에 유익을 주는 삶으로 살아가야 한다.

자기 계발을 멈추지 않아야 한다. 자신의 인생을 발명하고 스스로 운명을 창조해가는 과정이다. 완성을 추구하는 삶의 여정에서 지속적인 자기계발을 필수적으로 해야 한다. 우리는 살아 있는 한 끊임없이 자기계발을 통해 창조적 본성을 마음껏 실현해야 된다. 오늘은 무엇인가 달라져야 하고, 오늘보다 내일은 더 나아져야 한다. 생활 속에서 끊임없이 좋은 생각을 하고, 실천하며 몸과 마음을 움직여 나가야 한다. 그리고 자신에게 더 진실해져야 한다. 자신은 그 무엇과도 바꿀 수 없는 것이다. 새로운 기대감으로 가슴을 설레게 하는 꿈을 가져야 한다. 기쁨과 열정으로 뜨겁게 살아가자.

많은 사람들은 세상 탓, 나라 탓, 부모 탓으로 돌리며 원망과 불평의 삶을 살아가고 있다. 문제를 꼭 다른 사람에게서만 찾으려 하고 있다. 하지만 모든 핑계 대는 일과 변명을 하지 말아야 한다. 주어진 귀한 시간을 낭비하지 말고 어디에, 어떻게 쓸 것인지를 깊이 생각해보자.

할 일이 있다는 것, 특히 자신이 하는 일에 행복을 느끼는 것이 중요하다. 다른 사람들을 돕는 의미 있는 일을 하도록 해야 한다. 더 가치 있고 의미 있는 일, 사람과 세상을 더 건강하고 행복하게 만드는 데에 쓰여야 한다.

구경만 하는 방관자로서 살아가면 안 된다.

죽는 순간 후회하지 않기 위해 이루고 싶은 일을 찾고 설계해야 한다. '오늘이 내 인생의 마지막 날이라면 오늘 하려던 일을 그대로 할 것인가?'라는 질문을 자신에게 해보자.

자신의 영혼이 하고 싶은 일을 찾아야 한다. 열정을 내서 신나게 할 수 있는 일을 해야 된다. 이 일을 하다가 죽어도 좋다고 할 수 있어야 한다.

영국의 웨스트민스터 사원 영국성공회 주교의 묘비에는, 자신은 바뀌지 않고 세상을 바꾸려고 했지만, 결국 중요한 것은 나 자신의 변화였다는 깨달음의 글이 적혀 있다. 그는 죽음 앞에서 깨닫게 된 것이다.

세상을 바꾸려 하는 것에 앞서 자신을 먼저 바꾸어야 하는 것이다. 천하를 다스리는 사람의 시작은 바로 '나 자신'이다. 내가 먼저 변해야 가까운 가족과 친척들, 사회와 국가, 세상이 변하는 것이다.

변화를 결심했다면 당장 시작하자! 행복을 다음으로 미루는 것은 어리석은 사람이 하는 일이다. 마음의 자세를 바꾸고 작은 것에서부터 변화를 해나가자. 교육만큼 사람을 변화시키는 없다. 긍정적인 사고만이 자신을 변화시키며, 사회를 발전시킨다.

"태도가 바뀌면 일의 결과가 바뀌고 인생도 바뀐다!"

워너의 말이다.

자신의 영혼이 하고 싶은 일을 찾아야 한다. 열정을 내서 신나게 할 수 있는 일을 해야 된다. 이 일을 하다가 죽어도 좋다고 할 수 있어야 한다.

(04)
두드려라, 열릴 것이다

한 번 해서 안 되면 열 번 하고 열 번 해서 안 되면 백 번 하자.

《위기는 위대한 기회다》의 저자 고혜성 작가는 우리를 어떠한 상황에서도 포기하지 않고 도전하게 만든다.

다음을 보자.

세상에 안 되는 것은 없다.

꿈이 없으면 만들면 되고 자신감이 없으면 가지면 된다. 돈이 없으면 벌면 되고 직업이 없으면 구하면 된다. 배운 게 없으면 배우면 되고 능력이 없으면 키우면 된다. 안 되면 한 번 더 하면 되고, 한 번 해서 안 되면 열 번 하면 된다. 열 번 해서 안 되면 백 번 하면 되고, 백 번 해서 안 되면 천 번 하면 된다. 천 번 해서 안 되면 만 번 해라. 그 때는 반드시 된다. 이 세상에 만 번 해서 안 되는 것은 없다. 세상에 안 되는 것은 없다. 다 된다.

고혜성은 어려운 집안 형편 때문에 8살 때 우산 장사를 했고, 초등학교 때는 리어카에 갖가지 물건을 가지고 다니며 팔았다. 가난에서 벗어나지 못해 신문 배달, 막노동, 퀵서비스, 대리운전, 운전기사 등 20대 초반까지 몸으로 할 수 있는 일은 닥치는 대로 했다.

어릴 적 꿈인 개그맨이 되기 위해 방송사 개그맨 시험을 찾아다녔지만 매번 떨어지고, 또 떨어졌다. 그래도 그는 개그맨의 꿈을 끝까지 놓지 않았으며, 포기하지 않고 계속해서 도전했다.

처음 개그맨 시험 응시 7년 후 늦은 나이인 32살에 KBS 특채 개그맨이 될 수 있었다. 그가 쓰러질 때마다 그를 일으켜 세웠던 것은 책이었다.

그는 현재 도전과 희망을 많은 사람에게 전해주고 싶어 동기부여 강사의 길을 걸어가고 있다.

"하면 된다. 안 되면 되게 하자."

우리는 이 말들은 수도 없이 들어 왔다. 그렇다, 어떠한 어려움이 있다 할지라도 마음이 중요하다. 할 수 있다고 생각하면 되는 것이다.

하면 된다. 무슨 일이든지 먼저 겁부터 내지 말고 부딪쳐서 시작해보자.

성공하거나 부자가 된 사람은 모두 성공하거나 부자가 되기를 진실로 바라고 있었다. 따라서 잊지 않고 무엇을 찾고 있는 한 성공으로 가는 문은 반드시 열릴 것이다.

우리는 각자 마음에 꿈과 소망이 있고 나름대로 소원을 품고 있다. 그러나 자신이 원했던 꿈과 목표가 간절할 때만이 방법을 찾게 되고 두드리게 된다. 정말 간절한 마음을 갖고 찾고 두드리다 보면 누구라도 도와주려고 한다. 하지만 간절하게 원하는 것이 무엇인지 모른다면 어떻게 도와 줄 수 있겠는가?

간절한 사람은 꿈이 있고 목표가 뚜렷하다. 목표를 향해 가는 과정은 당연히 어렵고 외롭다. 하지만 간절함을 가지고 목표를 이루기 위해 나아갈 때 성장의 과정을 즐기면서 나아갈 수 있다.

내 인생은 홀로 걸어가야 하는 고난의 길이지만 간절한 소원을 가지고 살아가다 보면 생각지도 못한 좋은 일이 생길 때도 많다.

인생은 기다림의 연속이라 할 수 있다. 정말로 목이 마른 사람은 반드시 우물을 판다. 집에만 있으면 아무도 몰라준다. 가만히 앉아서 넋 놓고 기다리면 안 된다. 쉴 새 없이 두드리며 행동해야만 한다. 감나무 밑에서 입만 벌리고 있다고 감이 떨어지지 않는다는 말이 있지 않은가?

우리는 긍정과 희망의 태도로 성공을 준비해야 한다. 가만히 있어서는 문이 열리지 않는다. 꿈을 이루기 위해서 최선을 다해야 한다.

《무조건 살아, 단 한 번의 삶이니까》의 저자 최성봉은 다섯 살 때 고아원에서 도망 나와 그 이후 10년을 대전의 유흥가에서 껌팔이를 하며 살았다. 컵라면으로 끼니를 때우고 나이트클럽 계단에서 잠을 자며 길고양이와 떠돌이 강아지가 친구였다.

그러나 우리 사회 밑바닥 생활로 유년기를 보내고 조폭에게 쫓기면서도 야학에서 한글을 익혔다. 그러던 중 껌팔이 시절 들었던 성악에 매료돼 마침 어느 인터넷 카페에서 '성악 레슨 합니다.'라는 광고를 보게 되었다. 성악에 대한 정보를 공유하고 음악을 들려주는 대학 커뮤니티 카페였다.

그는 광고를 낸 사람을 찾아가기로 했다. 찾아가서 조르면 가르쳐주지 않을까 하는 막연한 희망을 찾아간 곳이 배재대학교였다.

두드리면 열릴 것이다. 문을 두드렸더니 길이 열린 것이다.

부모님이 없다는 것과 돈이 없는 것, 왜 노래를 부르고 싶은 건지 있는 그대로를 이야기했다. 다음 날 또 학교를 찾아 갔다. 그 다음날도 학교를 찾아가자 박정소 선생은 최성봉이 사는 곳으로 가보자고 했고 이윽고 무료로 레슨을 받게 했다.

이때부터 신문팔이, 공사장 잡부 등으로 일하면서 구걸이 아닌 노동을 통해 제 밥벌이를 시작했다. 검정고시로 중학교과정까지 마쳤고 대전 예술 고등학교를 다니며 아르바이트를 해 레슨비를 벌었으며 스스로 음악 실력을 다져나갔다.

대학 진학은 엄두도 못 내 일용직 노동자로 전진하다가 tvN, <코리아 갓 탤런트> 프로그램에 출연하면서 CNN, ABC 등 전 세계 언론의 주목을 받았으며 방송 당시 동영상이 현재 1억 6천만 조회 수를 기록하고 있다.

그는 현재 국내외에서 강연과 공연활동을 하고 있으며, 최근 할리우드에서 그의 인생 스토리를 영화화하기 위해 준비하고 있다.

우리는 지금 있는 곳에서 원하는 어떤 곳으로도 갈 수 있다. 정상에 오르기까지는 산전수전을 다 겪어야 한다. 그러나 '무엇인가를 하길 원한다.'는 의지만 가지고 있다면, 얼마든지 '그것을 하기 위한 방법'을 찾게 될 것이다.

인생에 대한 큰 비전을 품고 더 큰 꿈을 꾸어야 한다. 열리지 않고 굳게 닫혀 있는 문을 크게 두드려야 한다. 열리는 그 시간까지 더 세게 두드려야 한다. 운명은 소망에 의해 한정된다.

그냥 가만히 앉아서 얻어지는 것은 세상에 하나도 없다. 치열하게 싸우고 노력해야 모든 것을 얻을 수 있다. 언제나 어려움은 우리의 인생을 따라다닌다. 어려움 없는 인생을 기대하면 안 된다. 하나님도 자신의 삶이 수동적인 사람에게는 길을 쉽게 열어 주시지 않는다.

두드리지 않으면 열리지 않는다. 찾을 때까지 찾고 문이 열릴 때까지 두드리면 된다. 안 된다고 포기하지 말고 계속 전진하자.

> 인생은 기다림의 연속이라 할 수 있다. 정말로 목이 마른 사람은 반드시 우물을 판다. 집에만 있으면 아무도 몰라준다. 가만히 앉아서 넋 놓고 기다리면 안 된다. 쉴 새 없이 두드리며 행동해야만 한다.

(05)
미래는 내 선택에 달려 있다

"앞으로 20년 후에 우리가 저지른 일보다는 저지르지 않은 일에 더 실망하게 될 것이다. 그러니 밧줄을 풀고 안전한 항구를 벗어나 항해를 떠나라. 돛에 무역풍을 가득 담고 탐험하고, 꿈꾸며, 발견하자."

미국 소설가, 사회비평가인 마크 트웨인의 말이다.

누구나 무슨 일을 시작하려면 두렵기 마련이다. 그러나 자신에게 주어지는 기회를 잡기 위해서는 용기가 필요하다. 실수와 실패를 두려워하지 말고 무엇인가를 시작해야 한다. 아무것도 하지 않고 있다면 아무 일도 안 일어난다.

대부분의 사람들이 두려움 때문에 새로운 일에 도전하지 못한다. 그들은 익숙해진 것에 주저앉아서 편하게 있기만을 원하고 있다.

시도하지 않으면 아무것도 이룰 수 없다. 자신이 하고 싶은 일을 하면서 매일 즐겁고 가슴 뛰는 일을 찾으려 하면 된다. 많은 사람들의 사랑과 존경을 한 몸에 받기를 원해야 한다. 최고의 성취와 행복을 누리는 삶을 살아가고 싶지 않은가.

영화감독 스티븐 스필버그는 '매일 아침 나는 가슴이 너무나 두근거려서 도저히 식사를 할 수 없을 정도다.'라고 했다. 자신의 꿈이 이루어지는 그 과정자체가 너무나 자랑스럽고 기쁘기 때문이라고 한다.

간절한 꿈을 가진 사람들은 사랑에 빠진 것처럼 얼굴에서 늘 빛이 난다. 항상 행복한 표정으로 신나게 살아가는데 '비전'이라는 황홀한 열병에 감염되었기 때문이다.

70의 나이에 들어선 나 역시 꿈이 있기에 늘 기대하는 마음과 설레는 마음으로 하루를 시작한다. 많은 사람들의 표정들을 보면 기쁨을 찾아보기 힘든데 나는 항상 기쁘고 행복하다. 억지로 그런 것이 아니라 마음 깊은 곳으로부터 기쁨의 샘물이 솟아나고 있는 것에 감사할 따름이다. 5년 후 나의 모습, 10년 후 나의 모습을 그리며 꿈을 가지고 이루어진 모습을 바라보며 오늘도 나는 최선을 다하여 밤낮으로 바쁘게 움직이고 있다.

70년대 초 간호대학을 졸업하고 시립병원에 근무를 하던 시절, '국제시장'에서 나오는 것처럼 그 당시 한국은 정말 살기 힘든 어려운 시절이었고 독일에 취업을 하기 위해 간호사들이 머나먼 곳에 가게 되었다.

하지만 나는 독일이 아닌 사우디아라비아를 선택했기에 그다지 많은 고생을 하지 않았다.

꿈이 있는 20대의 중반의 나이였던 만큼 여행을 좋아했었다. 마침 당시 사우디아라비아 정부에서 한국 간호사 200명을 채용하가로 했고 나는 수간호사의 자리로 가게 되었거니와 월급도 한국의 12배로 60만 원을 받을 수 있었다.

그때는 200만 원이면 집 한 채씩을 살 수 있었다.

수간호사로 재직하던 중 다시 감독을 맡게 되었는데 그 일은 너무나 재미있고 유익했다. 각 병동을 회진하면서 간호사들을 격려하고 칭찬하며, 위로해주면서 항상 기쁨으로 생활했다. 200명이 같은 병원, 같은 기숙사에서 있으니까 별로 외롭지도 않았다. 우유도 마시기 힘든 시절임에도 우유로 마사지를 하기도 했다.

오리지널 음악을 이어폰이 아닌 일본 제품인 쏘니 헤드폰으로 들으며 마냥 행복했다. 시설이 잘된 병원에서 최고의 대접을 받으며 근무했던 것이 지금도 생각하면 행복해진다.

반면 독일로 간 간호사들의 대부분은 중노동에 가까운 일로 병을 얻게 되었다.

사람들은 누구나 고생할 때 부모님을 더 그리워한다. 고향 부모님과 형제들, 친구들 생각에 많은 눈물을 흘렸을 것을 생각하니 나의 마음도 아파진다.

정말 그 당시는 먹고 살기 힘들어 너도나도 기회만 나면 외국으로 나가려 했다.

선택이란 너무도 중요한 것이다. 선택이 매우 중요하고 다음은 선택한 것을 실천에 옮기는 것이다. 선택한 생각과 행동이 서로 얼마나 잘 협력했느냐에 따라 결과가 좌우 된다.

현재 펼쳐지고 있는 현실은 모두 자신이 과거에 선택한 결과물이 나타난 것이다. 지금 인생을 힘들게 살고 있는 것도 과거에 선택을 잘못 했었기 때문이다.

내가 생각의 틀에 갇혀서 세상을 바라보지 못한다면 계속해서 잘못된 선택을 하게 된다. 모든 것은 선택에 달려 있는데 올바른 선택을 하지 못하면 수많은 시련과 역경을 겪는다. 결국 모든 것은 나의 선택에 달려 있고 자신이 지금 겪고 있는 어려움은 자신이 선택한 결과이다.

지금의 삶에 만족하고 있는 것인지를 깊이 생각해보자. 내가 누구인지, 내가 진정으로 잘하는 것은 무엇이고 못 하는 것이 무엇인지를 알아야 된다. 또한 나를 진정으로 행복하게 만드는 것은 무엇인지 파악해야 한다. 그리고 나의 생각과 희망, 목표와 기준에 적합한 인생 프로그램을 설계하는 것이 우선이다.

정말 현재의 삶이 지루하고 짜증나지는 않는가를 자신에게 물어보기로 하자. 신선한 자극이 필요하다고 생각이 되면 한 번쯤은 지금과 다르게 새로운 인생을 계획해 보는 것도 중요하다.

지금 나는 병원에 근무하며 커플 매니저로, 또한 강의로 바쁘게 생활하고 있다. 나이가 많아도 늦게까지 일할 수 있는 것이 감사하기는 하지만 지금의 삶에 만족하지 않고 더 나은 삶을 위해 책 쓰기에 도전하고 있다. 그리하여 《내 삶을 바꾸는 책 쓰기》,《진짜 인생

공부》의 저자 조경애 소장의 강의를 들으면서 책 쓰기 코칭을 받고 있다.

앞으로 건강에 대한 책, 동기부여가로서 행복에 대해서, 성공에 대해서, 신앙에 대한 책도 계속 쓰려고 계획 중이다.

어떠한 일을 만났을 때 우리는 항상 선택의 기로에 서게 된다. 이럴 때 어떤 선택을 해야 하는지 일상생활 속에서 내 삶의 방향을 결단하는 삶을 살아야 한다. 작은 일이든지 큰일이든지 다 같이 선택을 잘하도록 해야 한다.

보다 나은 내일, 풍요로운 내일을 향해 출발하는 것, 그 선택은 오로지 자신만이 할 수 있다.

어떤 인생을 선택하겠는가? 선택은 자신 손에 달려 있으며 자신의 행복의 기준이다. 자신이 행복하다고 생각되는 인생을 망설임 없이 선택해야 된다.

나는 항상 지금보다는 더 나은 삶, 보람되고 의미 있는 새로운 삶을 살고 싶다. 단 한 번뿐인 인생을 후회 없이 살아가려고 더욱더 큰 꿈을 이루기 위해 오늘도 꿈을 부여잡고 목표를 향해 힘차게 달리고 있다.

미래를 위한 오늘의 준비가 없는 사람은 내일이 와도 부를 만한 승리의 노래가 없다. 오늘 내가 힘들여서 씨를 뿌리지 않으면 내일 거두어들일 열매가 없는 것이다. 봄에 씨를 뿌리지 않으면 가을이 와도 열매를 맺지 못한다. 나는 지금 땀을 흘려서 열심히 씨를 뿌리고 가꾸고 있다. 미래에 아름다운 열매를 맺는 고귀한 인생을 살아가려고 오늘이 마지막 날인 것처럼 살고 있다.

우리는 살아가면서 항상 선택을 해야 한다. 좋은 일을 생각하고 행복을 느끼고 있는지, 나쁜 일을 생각하고 불행을 느끼는지를 스스로 선택하고 있는 것이다. 자신이 원하는 모습의 나를 선택할 수 있게 된다. 좋은 일을 생각하고 좋은 일이 일어나기를 바라고 기다리면 좋은 일을 끌어당기는 일종의 자석과 같은 힘이 작용한다. 자신의 행복은 스스로 선택해야 한다.

행복이란 마음가짐에서 오게 된다. 행복을 선택할 수도 있고 불행을 선택할 수도 있다. 아침에 일어나면서 행복을 선택하고 성공을 선택하자.

미래는 결국 모든 것이 우리의 선택에 달려 있다.

순간의 선택이 평생을 좌우한다. 무엇을 먹을 것인가와 같은 사소한 결정에서부터 어떤 인생을 살아갈 것인가라는 큰 결정에 이르기까지 선택하며 살고 있다.

순간의 현명한 선택으로 인생이 완전히 바뀔 수 있다.

내가 누구인지, 내가 진정으로 잘하는 것은 무엇이고 못 하는 것이 무엇인지를 알아야 된다. 또한 나를 진정으로 행복하게 만드는 것은 무엇인지 파악해야 한다. 그리고 나의 생각과 희망, 목표와 기준에 적합한 인생 프로그램을 설계하는 것이 우선이다.

06
지금 이 순간, 최선을 다하자

　'시간은 금이다.'라는 속담은 동서고금을 통해 잘 알려진 교훈으로 시간은 금전과 동일하게 취급해도 될 만큼 값싼 것이 아니다. 돈이나 토지, 건물 같은 것들은 일시적으로 잃었다가도 다시 되찾을 수 있지만 시간은 다시 돌아올 수 없다. 바로 이 순간도 시간은 계속 흘러가고 있다.

　시간이란 소중한 것이며 또한 누구에게나 공평하다. 그러나 지금이란 시간을 활용하지 않으면 시간은 신속하게 지나가 버린다. 따라서 바로 지금이 일을 할 때이다. 주저하거나 머뭇거려서는 안 된다. 지금보다도 더 나은 시간이 찾아올 것이라는 생각으로 미적거리며 쉽사리 행동에 옮기지 않는 우유부단한 사람이 되지 않아야 된다.

　모든 인간은 자신에게 주어진 시간 앞에서만큼은 평등하다.

　우리는 60초로 이루어진 1분, 60분으로 이루어진 1시간, 그리고

24시간으로 이루어진 하루를 보내게 된다. 그 누구도 그 이상의 시간을 가질 수 없고 그 이하의 시간을 가질 수도 없다. 우리 모든 사람들은 한 번에 일 초씩만 가는 시간 속에 살고 있는 것이다.

따라서 우리는 우리 자신을 위해 그 시간을 써야만 한다. 우리는 매 초마다 무언가를 생산하고 발전시켜 나아가야 할 것이다. 남들이 하지 않는 것을 오늘 하자. 그러면 어느 누구도 가질 수 없는 것을 내일 갖게 될 것이다.

우리 인간은 어리석게도 되돌릴 수 없는 과거에 미련을 갖고 후회를 하는 사람이 많이 있다. 흘러간 과거는 과거일 뿐, 굳이 과거를 들먹거려 가면서 현재의 삶마저 희생시킬 필요는 없는데 말이다. 어제에 얽매이지 말고 오늘을 살아가야 한다.

세상에서 돌이킬 수 없는 것이 세 가지가 있다.

한 번 쏘아버린 화살, 급하게 내뱉은 말, 그리고 무엇보다도 황금 같은 시간은 돌이킬 수 없는 것이다. 돌이킬 수 없는 어제는 빨리 잊고 새로운 내일을 향해 나아가야 한다. 어제에 붙들려 사는 사람은 항상 우울하고 불행하게 인생을 살아간다.

미국의 시인 헨리 롱펠로는 이와 같은 말을 했다.

"쓸쓸한 듯이 과거를 보지 말라. 그것은 두 번 다시 돌아오지 않으므로, 주저하지 말고 현재를 개선하자. 그림자 같은 미래를 향해 나아가야 한다. 두려워하지 말고 용기를 갖고 씩씩하게 나아가라."

과거의 실패에 얽매여 현재의 성공을 놓친다면 그것만큼 안타까운 일은 없을 것이다. 현재 내 앞에 놓인 일에 충실할 때 행복한 미래를 맞이할 수 있다.

"시간은 금과 같으나, 금으로는 시간을 살 수 없다."라는 말이 있다. 큰 꿈을 가슴에 품고 있는 사람은 시간의 소중함을 절감하며 살아간다. 그래서 그들은 어떤 경우에도 해야 할 일을 미루는 경우가 없다. 미루는 것은 책임을 지지 않겠다는 뜻이다. 미룬다는 것은 그 자체가 비진취적인 삶의 자세이다. 때로는 미룬 것이 잘될 때도 있긴 있다. 하지만 실력이 있는 사람은 아무 때나 미루지 않고 핑계도 찾지 않는다. 미루는 자체를 수치로 생각한다.

그럭저럭 시간만 흘려보내다가 오늘 할 일을 내일로 미루고, 지금 할 일을 한두 시간 뒤에나 해서는 안 된다. 이 달 안에 완성해야 할 보고서를 다음 달까지 끌고, 이번 분기 안에 달성해야 할 목표를 다음 달이 되어서야 겨우 채우는 식으로 일 해봐야 스트레스만 더욱 가중될 뿐이다. 미룬다는 것은 시간과 노력을 아끼는 방법이 될 수 없다.

자신의 행동을 바꾸는 노력을 내일로 미루지 말자. 그렇지 않으면 그대로 습관이 되어버릴 수 있다. 기회를 잡으려는 노력도 절대로 내일로 미루지 말아야 한다. 한번 지나간 시간은 절대로 돌아오지 않는 것이 기회다. 오늘 최선을 다하면 된다. 온전한 내일을 만들기 위해 오늘 맡겨진 일에 최선을 다하자.

지나간 시간은 돌이킬 수 없고 앞으로 다가올 수많은 시간은 막을 수는 없다. 지금 나에게 주어진 시간을 최대한으로 유용하게 활용해야 한다. 지금 내가 열심히 하고 있는 일이 내일 나에게는 희망이 되고 아름다운 추억이 될 수 있다.

지금 이 순간, 최선을 다하자. 흘러가는 시간 속에서 최선을 다했던 것만이 성공을 가져다 줄 것이다. 한 시간 한 시간, 하루하루를 어떻게 살아야 하는가를 꿈을 꾸며 지금 이 순간, 최선을 다해야 한다.

우리 가슴에 뛰고 있는 꿈을 이루기 위해 땀을 흘려야 한다. 지금도 어김없이 시간은 흘러가고 있다. 시간을 붙잡을 수 없기에 단지 우리가 할 수 있는 것은 시간을 허비하지 않고 알차고 보람되게 쓸 뿐이다.

우리는 늘 행복을 추구하며 살아간다. 행복해지기 위해 항상 바쁘게 살아가지만 정작 행복해지기 위한 노력은 하지 않는다. 행복해지기 위해 행동은 하지 않으면서 행복해지고 싶다는 말만 하고 있지는 않은지 생각해 볼 필요가 있다.

과거의 모습이 현재를 만들었고 현재 우리가 선택하는 모든 것이 미래를 만든다. 오늘 어떤 결심을 하고 어떤 노력을 하느냐에 따라서 다가오는 미래의 행복이 결정될 것이다.

아인스타인은 "어제와 똑같이 살면서 다른 미래를 기대하는 것은 정신병 초기증세다."라고 말했다. 이와 같이 다른 미래를 기대한다면 지금과 다른 행동을 해야 한다.

원하는 목표가 있다면 내일로 미룰 것이 아니라 오늘 당장 실천해야 한다. 다른 사람들이 내 인생을 살아주는 것이 아니기 때문에 다른 사람들의 무책임한 말을 듣고 그대로 따라가면 안 된다. 원하는 것이 있으면 지금 당장 행동해야 한다.

나의 도전은 끝이 나지 않았다. 나는 죽을 때까지 도전을 할 것이다. 내 인생에 한계는 없다. 내가 나를 믿지 않으면 세상에 나를 믿어줄 사람은 하나도 없다. 행복을 추구하는 것이 아니고 행동으로 만들어 가야 한다.

오늘과 다른 내일을 맞고 싶지 않은가? 오늘 당장 변해야 한다. '언젠가는'이라는 마음으로 오늘을 어제와 똑같이 보낸다면 우리에게 밝은 내일은 절대로 찾아오지 않는다.

지금 행복해지기로 결심하자! 그리고 지금 즉시 행동하자. 내일로 미루지 말고 바로 지금 행동을 해야만 한다. 미친 실행력이 답이다. 자신의 소명을 찾아 후회 없는 삶, 행복한 삶을 살기 위해 지금 이 순간 최선을 다하자!

스펜서 존슨은《선물》에서 "과거를 바꿀 수는 없다. 하지만 과거에서 배울 수는 있다. 과거에서 배움을 얻지 못하면 과거를 보내기는 쉽지 않다. 배움을 얻고 보내는 순간 우리의 현재는 더 나아진다."라고 말했다.

그의 말처럼 과거를 바꿀 수는 없다. 하지만 과거의 잘못된 점을 깨닫고 수정한다면 지금보다 더 나은 삶을 살아갈 수 있게 된다.

우리는 지금까지 너무 힘들게 인생을 살아왔다. 지금부터라도 잘 살아야 한다. 성공의 삶, 축복된 삶을 살아야 한다.

세상에서 돌이킬 수 없는 것이 세 가지가 있다.

한 번 쏘아버린 화살, 급하게 내뱉은 말, 그리고 무엇보다도 황금 같은 시간은 돌이킬 수 없는 것이다. 돌이킬 수 없는 어제는 빨리 잊고 새로운 내일을 향해 나아가야 한다. 어제에 붙들려 사는 사람은 항상 우울하고 불행하게 인생을 살아간다.

07
망설이지 말자,
망설임은 최악의 질병이다

결단을 내리는 데 걸리는 사람을 비난해서는 안 된다. 정작 비난해야 할 대상은 결단을 내린 뒤에도 실행에 옮기는 데 시간이 걸리는 사람이다.

— 시오노 나나미

'내일 해야지.' 병에 걸린 대학교 2학년 남학생이 교수에게 쓴 '시험공부 7단계'를 소개하려 한다.

1단계: 집에 가서 해야지. → 2단계: 저녁 먹고 해야지. → 3단계: 배부르니 좀 쉬었다 해야지. → 4단계: 지금 보는 TV만 보고 해야지. → 5단계: 밤새워 열심히 해야지. → 6단계: 내일 아침에 일찍 일어나서 해야지. → 7단계: 이런 젠장 ㅠ.ㅠ

우리 모두는 이 남학생과 거의 비슷하다.

오늘까지 놀고 내일부터 공부해야지. 오늘까지 마음껏 먹고 내일부터 다이어트 해야지…….

매사가 그렇다. 해야 할 일은 안 하고 뒤로 미루는 고치기 힘든 습관을 가지고 있다. 그러므로 특별한 시간, 특별한 날로 결심을 미룬다는 것은 겉으로는 아무리 변화를 원한다고 해도 내면에서는 절대로 변화하지 않겠다고 말하는 것과 같다. 그래서 막상 실천해야 할 시간이 다가오면 그 결심은 다시 내일, 그리고 내년으로 쉽게 미뤄지는 것이다.

미국의 26대 대통령 루스벨트는 이렇게 말을 했다.

"지금 있는 자리에서, 가지고 있는 것으로, 할 수 있는 것을 하라!"

많은 사람들이 적당한 때를 기다리느라 너무 많은 시간을 그냥 흘려버리고 살아가고 있다. 꿈을 이루기 위해 지금 있는 자리에서, 지금 갖고 있는 것으로, 당장 할 수 있는 것을 하자.

지금 내가 서 있는 자리는 정말로 가장 중요하다. 지금 어떻게 보내느냐에 따라서 미래의 운명이 하늘과 땅만큼 크게 달라진다. 시간을 허비하는 것은 막대한 재산을 탕진해버리는 것보다 더 어리석은 것이다. 오늘 1분을 우습게 여기는 사람은 내일 1분 때문에 울게 될 것이다.

경영 컨설턴트인 혼다 켄은 부자들의 생활습관을 연구하기 위해 일본 국세청 고액납세자 명단을 확보하여 그중 백만장자 1만 2천 명을 대상으로 인터뷰와 설문조사를 실시했다. 그 결과 고액소득자일

수록 설문조사에 대한 응답이 빨랐다는 것으로 그의 조사에서 밝혀졌다. 성공한 사람들은 바쁜 일상생활 속에서도 신속하게 결정하는 습관이 몸에 배어 있기 때문이다. 신속하게 반응하면 어떤 상황에서도 사람들의 호감과 신뢰를 얻을 수 있다.

우리는 때때로 당장 할 수 있는 일을 꾸물거리면서 미루고, 굳게 결심한 다짐도 슬며시 실천하지 않고 뒤로 미룬다.

나중에 실천할 계획은 거창하기 마련이고, 아무리 작은 일도 당장 실천하기에는 어렵다. 그래서 실천은 계속 나중으로 밀리게 된다.

유명한 작가인 조지 버나드쇼는 타고난 익살과 재치로 그의 명성에 걸맞게 자신의 묘비명을 이렇게 적어 놓았다.

"우물쭈물하다가 내 이렇게 될 줄 알았다!"

그가 왜 묘비명을 그렇게 만들었을까? 그도 역시 우리와 같이 미적거리며 중요한 일을 뒤로 미루는 버릇이 있었기 때문이었을 것으로 생각한다.

그는 자신을 다잡기 위해 이러한 기상천외한 묘비명을 생각해낸 것이다. 그리하여 그는 늙어서도 집필, 대중강연, 사회운동 등 그 누구보다 활동을 왕성하게 하다가 94세에 세상을 떠났다.

망설이게 되는 이유는 두려움이 앞서기 때문이다.

우리는 살아가면서 크고 작은 일을 선택할 때 실패를 두려워하여 결정내리는 것을 망설이게 된다. 결정을 미루기만 하며 때만 기다리는 것은 좋은 기회가 온 것을 놓칠 수 있다.

망설이지 말고 행동해야 한다. 아름다운 미래를 만들고 성공하기 위해서는 현재의 삶에서 머뭇거리거나 망설이는 것을 버려야 한다.

많은 사람들은 막연한 기대감을 가지고 살아간다. 미래에는 뭔가 달라지겠지, 우연한 기회를 기다리며 행운이 찾아 올 것으로 착각을 한다. 현재에는 행복하지도 않은데 희망과 꿈과 목표를 미래에 걸고 살아가고 있는 것이다.

새로운 좋은 일이 생길 것으로 생각을 하지만 준비하지 않고 행동으로 옮기지 않고 망설이기만 하면 아무런 일도 일어나지 않는다. 따라서 꿈을 이루어 가며 오늘을 나의 인생에 있어서 최고의 날로 행복하게 만들어야 한다.

행복한 미래가 우리를 기다리고 있는 것처럼 생각하지만 행복은 절대로 그냥 찾아오지 않는다. 자신의 삶을 진실하게 살며 멋진 미래를 계획하여 목표에 집중하자.

기한이 정해져 있는 일은 치밀하게 계획을 세워 일을 처리해나가야만 한다. 또한 기한이 없는 일에 대해서도 엄밀하게 행동예정을 세우지 않으면 안 된다. 언제라도 할 수 있는 일을 태만히 여겨 미루다 보면 결코 성취할 수 없다.

따라서 구체적인 자기 행동 캘린더를 작성하여 자신에게도 약속을 지키도록 한다. 무엇을 언제까지 어떤 방법으로 할 것인지를 확실하게 작성하여 진행해나가야 한다. 이론만 앞세우고 할 일을 뒤로 미루면 전진하기 어렵다. 이론을 그럴듯하게 내세울지라도 행동이 따라주지 않으면 아무런 소용이 없다. 언제라도 할 수 있는 일을 태만히 여기고 뒤로 미루기만 하면 언제까지나 성취할 수 없게 된다.

언제든지 할 수 있는 일도 우물쭈물하지 않고 즉시 해치우는 습관을 갖도록 해야 한다. 어려움을 느끼거나 귀찮은 생각이 드는 일이 생겨도 머뭇거리거나 쉽게 주저앉지 않아야 한다.

기회는 항상 예고 없이 우리의 문을 두드린다. 그럼에도 불구하고 그 문을 열 수 있는 사람이 많지 않고 대부분의 사람들은 망설인다. 바로 그 문을 열었을 때 일어날 결과를 두려워하기 때문이다.

미래에 대한 두려움 때문에 열심히 일하는 것은 좋은 일이다. 하지만 두려움이 심하면 모든 것을 망설이면서 서서히 삶이 파괴될 수 있다.

성공한 사람들은 실패를 두려워하여 망설이는 것이 아니고 도전한 사람들이었다. 실패가 두려워 망설이기만 한다면 아무것도 할 수 없다.

많은 사람들이 "그때 망설이지 않고 그렇게 했더라면 오늘 이렇게 되지 않았을 텐데……."라든가 "그때 창업했더라면 지금쯤 성공했을 텐데……." 하며 신세 한탄을 하는 것을 보게 된다.

기회는 기다려주지 않는다. 계속 망설이기만 한다면 죽을 때까지 후회만 하며 살아갈 것이다.

부산 천호식품의 김영식 회장은 성공하는 사람들의 성공비결이 간단하다고 말한다. 생각을 했으면 망설이지 말고 지금 당장, 될 때까지 하라는 것이다.

누구나 성공할 수 있지만 아무나 성공하지는 못한다. 기회가 왔을 때 기회를 잡고 절실하게 노력하는 자만이 성공할 수 있기 때문이다. 기회가 주어질 때 절대로 망설이지 말고 즉시 행동해야 한다.

우리는 살아오면서 수없이 많은 기회들이 찾아왔었다. 내가 아무런 생각하지 않고 있었던 어제도, 또 오늘도 그 기회가 그냥 지나가 버릴 수 있다. 하지만 망설이다가 그 기회를 잡지 못한다면 그 기회는 영원히 오지 않을 것이다.

지금 당장 해야 할 일이 있다면 절대로 망설여서는 안 된다. 망설임은 최악의 질병이다.

대부분의 사람들은 생각은 하지만 행동하지 못하고 망설인다.

우리는 지금 이 순간에도 자신에게 찾아온 기회를 확 잡지 못하고 망설이고 있는 것은 아닌지 깊이 생각해볼 필요가 있다. 용기는 두려움을 물리치지만 망설임은 도전의 최대 걸림돌이 된다. 하지만 망설이지 않고 지금 당장 실행한다면 기회의 문이 열려 눈부신 성공을 가져다 줄 것이다.

> 지금 내가 서 있는 자리는 정말로 가장 중요하다. 지금 어떻게 보내느냐에 따라서 미래의 운명이 하늘과 땅만큼 크게 달라진다. 시간을 허비하는 것은 막대한 재산을 탕진해버리는 것보다 더 어리석은 것이다. 오늘 1분을 우습게 여기는 사람은 내일 1분 때문에 울게 될 것이다.

열정의 차이에 따라 승패가 갈라진다

(08)

　필자는 초등학교 2학년 때부터 교회를 다니기 시작한 이래 지금까지 계속 신앙생활을 하고 있다. 예수님과의 만남은 내 생애 있어서 가장 중요한 만남이 되었다.

　시골에서 농사짓는 일을 했던 우리 집은 다른 집에 비해서 조금은 잘사는 편이었다. 아버지는 일을 많이 해보지 않으셔서 일하는 사람을 두고 농사를 지었다. 하지만 조금씩 하시는 일도 힘들어지면 그때마다 엄마에게 화를 내시고는 했다.

　그런 이유에서인지 나는 성격이 쾌활하지 못하고 늘 어두운 편이었다. 그러는 중에 교회를 나가기 시작했고 내 성격은 조금씩 바뀌기 시작했다. 소극적인 성격이 적극적으로 변했고, 수동적이 아니라 능동적으로 되어가고 있었다.

　중학교 때부터는 항상 성적이 반에서 1등, 아니면 2등을 했는데 꼭 3등 안에는 들었다. 그때 돈으로 등록금이 600원이었는데 장학금을 타려고 온갖 힘을 써서 공부를 했던 것 같다. 그러나 그보다는 공부하는 것이 너무 재미있었다.

누가 시키지 않아도 알아서 열심히 했고 6km 길을 걸어서 학교에 다녔지만 걸어 다니면서도 영어 단어를 외우고는 했다.

그때만 해도 지금처럼 부모님이 공부 열심히 하라는 말은 하지 않았다. 왜냐하면 당시 시골에서 여자는 중학교도 보내지 않던 시절이었기 때문이다.

나는 중학생부터 교회에서 교사로 봉사했고, 얼마 후에는 어른들 앞에서도 설교를 하기도 했다. 그런 경험들은 많은 도움이 되었고, 그것이 누적되어 지금은 정말 누구도 따라오지 못할 정도로 열정적인 사람이 된 것이다.

우리는 꿈을 가지고 이 세상 누구보다도 행복하게 살아야 한다. 오늘을 열정을 가지고 살 수 있는 것은 멋진 미래가 기다리고 있기 때문이다. 오늘을 잘살아야 내일이 행복하다.

무슨 일을 하든지 매일 휴가 떠나기 바로 전날처럼 설레는 마음으로 살아가면 된다. 마지못해서 억지로, 의무감으로 일을 해서는 안 된다. 의무감으로 일을 하는 사람은 스스로 하는 사람을 따라갈 수 없다.

사람들은 누구나 할 것 없이 모두가 부푼 꿈에 가슴이 벅차서 살았다. 하지만 일이 잘 안 되다 보니까 실망하며 삶의 무게에 짓눌려

서서히 열정이 식다가 꿈조차 잃어버린 것이다. 이제 다시 잃은 꿈을 되찾아 날마다 새로운 마음을 가져야 한다. 늘 삶의 열정을 불태워야 한다. 늘 꿈에 열광하자.

미국의 한 잡지사에서 사업에 성공한 경영인과 경영대학에 재학 중인 우수 학생들을 대상으로 설문 조사를 한 적이 있었다. 성공에 가장 도움이 되는 것은 공통적으로 '열정'이라 답을 했다. 맥아더 장군 역시 열정을 매우 중요하게 생각했는데, 그의 좌우명에서도 고스란히 드러나고 있는 것을 볼 수 있다.

'나이는 숫자에 불과하다. 세월은 피부를 주름지게 하지만, 열정을 잃으면 영혼이 시든다. 사람은 신념과 함께 젊어지고, 회의와 함께 늙어 간다. 사람은 자신감과 함께 젊어지고, 두려움과 함께 늙어가며, 희망과 함께 젊어지고, 실망과 함께 늙어간다.'

역사적으로 열정 없이 성공한 사례는 찾아 볼 수 없다. 하버드대 심리학 교수 윌리엄 제임스는 이처럼 말을 했다.

"열정은 타인과 일, 사회, 온 세상을 대하는 한 사람의 태도를 바꿔놓을 수 있습니다. 열정은 자신의 삶을 더욱 사랑하게 만들기도 하지요. 어떤 일을 할 때 열정을 가지고 임한다면, 당신이 지어 올릴 성공이라는 빌딩의 기반을 튼튼히 할 수 있을 것입니다."

열정은 강력한 힘으로, 이것을 이용하면 많은 이익을 얻게 된다. 열정은 마음에서 우러나는 아드레날린이기 때문이다. 그리고 온몸의 세포를 깨워서 새로운 마음으로 더욱 더 적극적인 행동을 하게 만들며, 전염성이 있다. 또한 필승의 믿음을 전달해 자신도 모르는 사이에 우리를 지지하게 하고 따르게 만드는 힘을 가지고 있다.

주위를 보면 열정을 잃어버린 사람이 너무 많다. 그들도 한때는 미래를 열광하고 꿈을 꾸었지만 지금은 살아갈 맛을 잃어버리고 그냥 어쩔 수 없이 살고 있다. 따라서 정체되지 않도록 스스로 새로운 열정을 불러 일으켜야 한다. 현재보다 더 나은 삶을 살고 싶다면 삶에 대한 열정을 품고 최선을 다해야 한다. 대충대충 하지 말고 언제나 최고의 실력과 열정을 발휘해야 한다.

성공하는 사람은 자신의 삶을 소중히 여기며 열정을 가지고 날마다 성실하게 일한다. 그렇기 때문에 일을 할 때도 힘든 줄을 모르고 즐겁고 행복하게 일할 수 있고, 그 결과로 꿈을 이루어 성공하기도 하고 부자가 되기도 하는 것이다.

열정을 가지고 사는 삶은 풍요와 행복을 가져다 줄 것이다

성공한 사람들은 성공에 대해 절박한 마음을 가졌던 사람들이다. 절박한 마음이 없으면 성공할 수 없다. 절박함이 있어야 열정이 생기게 되고 열정이 생겨야 목숨 걸고 도전하는 것이다.

눈에 보이는 것이 없는 것처럼, 물불 가리지 말고, 막가는 인생처럼 열정적인 삶을 살아가야 한다. 열정의 차이에 따라 승패가 갈라진다. 모든 지혜와 열정을 다해 전심전력하자.

오늘을 내 인생의 최고의 날을 만들겠다는 열정적인 자세로 일하자. 자신의 능력을 최대한으로 발휘하게 되면 그 열정으로 인해 삶

은 반드시 풍요롭고 행복해질 것이다.

자신감을 가지고 열정적으로 일해야 꿈을 이룰 수 있다. 모든 승패는 머리가 좋고 나쁨에 따라 승패가 결정되는 것이 아니다. 열정의 차이로 승패가 갈라지는 것이다. 꿈을 이루는 것은 환경이 때문이 아니고 본인의 의지에 달려 있다. 환경은 언제든 변할 수 있지만 꿈을 향한 믿음과 열정은 변하지 않기 때문이다.

우리는 모두 피가 끓어오르고 열정이 차고 넘치는 청춘이다. 우리가 나이가 젊어서 청춘이라는 것이 아니다. 가슴속에 뜨거운 열정을 가지고 꿈을 향해 나아갈 수 있으니 청춘이라는 것이다.

아무리 노력해도 절박함이 없으면 포기하게 된다. 절박함이 있어야 열정이 생기고 열정이 생겨야 목숨 걸고 도전하는 것이다. 눈에 보이는 것이 없이, 물불 가리지 말고, 죽기 살기로 해서 안 되는 일은 없다.

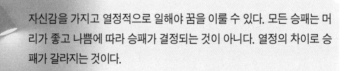

자신감을 가지고 열정적으로 일해야 꿈을 이룰 수 있다. 모든 승패는 머리가 좋고 나쁨에 따라 승패가 결정되는 것이 아니다. 열정의 차이로 승패가 갈라지는 것이다.

4장

틀을 깨고 상상하자,
꿈은 현실이 된다

01

틀을 깨고 상상하자, 꿈은 현실이 된다

늘 해오던 방식을 고수할 필요가 전혀 없다는 깨달음, 그것이 바로 창의
력이다.

― 루돌프 플래시

우리가 꿈꾸는 미래는 어떤 모습인가?

상상하는 것을 미래일기에 구체적으로 써보고 풍경화처럼 사실
적으로 그려보자. 나에게 어울리는 미래를 구체화시켜서 할 수 있는
것은 '미래여행'과 '미래일기'이다. 내가 가지고 있는 마음의 노트북
에 자신의 미래를 스캐닝해보자.

하늘 아래 새롭게 만들어진 모든 것은 누군가의 머릿속에서 '그려
졌던 것'이고 누군가가 이루어 놓은 것은 누군가의 '비전'이었던 것
이다. 더 나은 내일을 만들어가기 위한 마음속의 그림이 '비전'이다.

우리의 인생을 휘감는 하나의 숙명적인 키워드를 주제로, 마음의 붓으로 그려놓은 자기 삶의 최종적인 결과인 동시에 갈망과 결단이다.

비전은 행동을 일으켜서 매일 조금씩 현실로 다가오는 그림이다. 그 '비전'이라는 컨트롤 보드에 전원이 켜지는 순간, 우리에게는 지금까지 상상할 수 없었던 비범한 동력이 생기게 된다.

바람직한 내일, 더 행복해지고 세상이 더욱 아름다워지는 내일은, 가슴 뛰게 하는 '마음속의 그림'에서 시작되었다. 콜럼버스가 '지구는 둥글다.'는 상상을 하지 않았다면, 그리고 그 상상이 그의 가슴을 두근거리게 하지 않았다면 신대륙은 발견되지 않았을 것이다.

라이트 형제가 가슴에 꿈으로 가득 차 있지 않았다면 오늘날의 비행기도 없었을 것이다.

1951년의 어느 날 미국 테네시주 멤피스에 사는 윌슨이라는 사나이가 워싱턴으로 가족들과 함께 휴가를 갔지만 형편없는 숙박시설 대문에 여행이 즐겁지가 않았다. 숙박비도 어린이 한 명당 추가로 계산을 했을 뿐 아니라 말할 수 없을 정도로 지저분했고 불친절했다.

식당도 먼 곳에 있어서 불편한 것이 이만저만한 것이 아니었다.

윌슨은 화가 많이 났지만 억지로 참을 수밖에 없었다. 그 무렵 미국사람들은 여행할 때마다 여행시설에 대해서 분노하곤 했다. 하지만 집에 돌아오면 언제 그랬느냐는 식으로 쉽게 잊어버리는 것이 다반사였다. 그러나 비범한 사나이 윌슨은 그들과 생각이 달랐다. 갑자기 가슴이 두근거리며 미국 전역에 쓸 만한 숙박시설이 없다는 사실이 그에겐 훌륭한 사업의 아이템으로 꿈을 꾸기 시작했다.

그의 머릿속에 수천수만 가지 영상이 스쳐갔다.

멤피스, 워싱턴, 뉴욕, 시카고, 그리고 LA에 가서 호텔을 짓는 모습과 그 호텔에서 저렴한 가격으로 기분 좋게 쉬고 가는 사람들의 미소가 눈앞에 어른거렸다. 안심하고 저렴하게 누구나 이용할 수 있는 현대적인 서민용 휴식처를 제공하는 것, 이것이야말로 자신이 해야만 되는 일이라고 생각하게 되었다.

그리하여 400개의 호텔을 짓겠다고 말했을 때 그의 아내는 터무니없는 상상이라고 그저 웃기만 했다. 하지만 윌슨은 휴가에서 돌아오자마자 설계사를 고용했다. 당시로서는 어느 누구도 상상하지 못하는 수영장과 방마다 TV 시설이 돼 있는 설계를 하여 '홀리데이 인'이라는 호텔을 시작했고 결과는 대성공이었다.

평범한 생각과 태도가 평범한 사람을 만든다. 마음에 꿈을 품지 않으면 현실로 나타나지 않는다.

'난 이미 막다른 골목에 와 있어. 이게 내 한계야. 내가 그렇지 뭐. 나 같은 사람이 성공하겠어? 이젠 나는 틀렸어.'

이런 생각을 버려야 한다. 고정 관념에 사로잡혀 허우적대서는 안 된다. 성공하는 모습을 그리고 상상하자. 큰 비전을 갖고 나아가면 꿈을 현실이 된다.

상상력은 정신력으로 자신이 원하는 소망을 이룰 수 있게 도와준다.

지금 남다른 인생을 꿈꾸고 있는가? 그렇다면 '내가 성공을 한 번도 해 본적이 없는데'라는 생각을 할 것이 아니라 지금 당장 자신이 만들어놓은 틀부터 깨자. 자신이 만든 틀을 깨고 자신이 그어놓은 선을 뛰어넘는다면 반드시 성공하게 된다. 용기 있게 도전하는 사람만이 더 뛰어난 나로 설 수 있다.

그러기 위해서는 고정관념에서 벗어나야 한다.

사람은 인생에서 몇 번의 기회를 맞이한다고 한다. 그 기회는 바로 성공으로 가는 변화이다. 변화를 위해서 많은 용기가 필요하다. 그것은 자신의 현재 삶의 자세, 고정관념으로부터 탈피하려는 용기이다. 과거의 고정관념에서 벗어나 새로운 변화를 맞이할 체질로 변화시키지 못한다면 결코 성공할 수 없는 것이다.

용기 있게 자신의 인생을 변화시켜 성공한 삼미그룹의 부회장에서 웨이터로 변신한 서상록 씨 대한 이야기를 들어보기로 하자.

그는 어려운 가정형편 때문에 검정고시로 중고등 과정을 마쳤고, K 대학교 정치외교학과를 졸업했다.

30세에 국회의원에 출마했다가 낙선하고 사업에 실패한 뒤 미국으로 이민을 간 후 10여 년 만에 부동산 재력가로 성공했다.

미국 하원 의원 선거에도 4번씩이나 도전했다.

귀국 후 삼미그룹 부회장으로 5년을 근무한 뒤 하루아침에 백수로 전락, 초봉 60만 원의 호텔 레스토랑 웨이터로 변신했다.

그는 또 지난 16대 대통령으로 출마했다가 후보를 사퇴한 후 2003

년에 서울외국어대학원대학교 부총장으로 취임했다.

서상록 씨의 인생 역정 속에서 그를 가장 그답게 만든 부분은 재벌그룹 부회장에서 웨이터로 변신했던 것이다.

이 같은 사례는 성공한 사람들에게서 쉽게 찾아볼 수 있다.

자신을 묶어두고 있는 고정관념과 과거의 틀을 깨고 나오는 것이 성공으로 가는 기초단계가 되는 것이다.

우리의 꿈을 머릿속에 생생하게 그리면 그것이 현실이 된다.

미국의 한 여성에 대한 이야기이다. 대학을 나와 유능한 비서로 있었지만 결혼상대를 찾지 못해 노처녀가 되었다. 그러다가 우연히 머피 이론을 알게 되어 실천해보았다.

우선 착한 남자와 결혼해 유럽으로 신혼여행 가는 것을 상상했다. 그리고 머피 이론을 소개해준 친구에게 감사의 편지를 쓰는 장면도 상상했다. 이루어진 모습을 상상했더니 그것이 그대로 현실이 된 것이다.

이런 일들을 날마다 되풀이하면 모든 꿈들이 하나씩 이루어지는 것을 체험하게 될 것이다. 마음속으로 원하는 결과를 선명하게 볼 수 있다면, 그 결과는 곧 현실이 된다.

미국의 석유업을 일으켰던 헨리 플래글러는, 자신의 성공 비결이 꿈과 목표가 완성된 것을 머릿속으로 보는 능력이라고 말한다. 눈을 감고 거대한 석유산업을 상상하며 기차가 레일 위를 달리는 것을 보고, 기적이 울리는 것을 듣고, 연기를 본다고 한다.

성취된 것을 실제로 그려보고, 믿게 되면 그것이 실현된다. 성공한 사람들은 머릿속으로 성공한 모습을 그렸던 사람들이다.

우리 모두는 꿈이 있고, 진정으로 원하는 것, 이루고 싶은 것들이 있을 것이다. 그런 것들을 마음속에 그리며 항상 상상해보자. 늘 자신이 바라는 일들을 '이미지화'해서 상상하게 되면 그러한 모든 일들이 현실에서 실현이 될 것이다.

토머스 모나한은 꿈 없이 방황하는 사람들에게 다음과 같은 말을 하였다.

"확고한 꿈을 가져라, 그러면 반드시 그렇게 수 있다."

이 답답한 현실에서 나아갈 수 있는 것은 나를 감싸고 있는 고정된 틀을 깨뜨리는 것이다. 더 이상 어두움 가운데서 있지 말고 빛을 향해 나와야 한다. 가슴 뛰게 하는 꿈이 반드시 현실이 되어 행복을 가져다 줄 것이다.

> 우리 모두는 꿈이 있고, 진정으로 원하는 것, 이루고 싶은 것들이 있을 것이다. 그런 것들을 마음속에 그리며 항상 상상해보자. 늘 자신이 바라는 일들을 '이미지화'해서 상상하게 되면 그러한 모든 일들이 현실에서 실현이 될 것이다.

미친 꿈에 도전하자

사자성어 중에 '불광불급'이라는 말이 있다. '미치지 않으면 미치지 못한다.'는 것으로 미친 척하고 덤벼들어야 어떤 일을 이룰 수 있다는 것이다.

어떤 일이나 성공하려면 집중을 잘해야만 한다. 돋보기로 빛을 한 곳으로 모을 때 불이 나서 종이를 태울 수 있는 것처럼, 사람이 혼신을 다해 한 길을 가고자 하면 무엇이든 안 되는 것이 없다. 수백 만의 군사가 사방을 포위한다 해도 필사적으로 죽기 살기로 한 곳만을 정진하여 뚫으면 살아 나갈 수 있다. 성공한 사람들은 모두가 다음과 같이 말한다.

"꿈을 이루려면 절박해야 한다."

꿈을 이루지 못하는 사람들은 간절함과 절실함이 부족하기 때문이다. 간절함은 가만히 앉아서 기다린다고 오는 것이 아니라 스스로 만들어가야 한다.

《가슴 뛰는 삶》의 저자 강헌구는 이런 말을 했다.

"꿈에 체크인하자. 운명을 바꾸어라. 그냥 미치면 바보가 되지만, 꿈에 미치면 신화가 된다. 당신 스스로 누군가의 신화가 되어라. 삶을 태양처럼 만끽하라!"

그녀는 3세 때부터 피아노를 배우기 시작하여 4세 때, 첫 번째 연주회를 열었고, 16세 때 덴버대학 음대에 입학해 피아니스트를 꿈꿨다.

국제학 '레닌의 계승자 스탈린'이라는 주제의 강의를 들은 이후로 전공을 변경해 음악 대신 국제정치학을 공부하리라 마음먹었다. 당시 그녀의 어머니는 십여 년 넘게 배운 실력이 아깝다며 그녀의 결정에 반대를 했다. 하지만 그녀는 그럼에도 국제정치학으로 전과해 정치학과 러시아어를 공부했다. 19세 때, 그녀는 정치학학사 학위를 취득했고, 26세에는 박사학위를 받았다. 그 후 그녀는 스탠퍼드대의 국제안보 및 군비통제센터에 들어가 학자로서 명성을 얻게 되었고, 국제정치학에 대한 정확한 인식과 견해로 정계에 진출하여 미국 역사상 최초의 흑인 여성 국무장관이 되었다. 그녀가 바로 콘돌리자 라이스이다.

성공한 사람들은 끈기가 우리를 성공으로 이끈다고 말한다. 얼마나 오래 버틸 수 있느냐가 성공의 열쇠라며 끈기를 기르라고 입을 모은다.

어려움이 클수록 더 꾸준히 노력해야 한다. 곤경에 처했다고, 두려워하지 말아야 한다. 성공으로 가는 길은 가시밭길이다. 더 이상한 발짝도 앞으로 나아갈 수 없을 정도로 힘이 들고 어려워도 포기해서는 안 된다. 그 순간을 잘 버텨내며 견딘다면 성공의 문이 열리게 된다.

사람들마다 하루하루 돈을 벌기 위해 땀을 흘리며 열심히 살아가고 있다. 꿈을 잊어버리고, 살아가는 이유도 모른 채로 말이다.

성공하는 데 있어서 학벌이나 집안환경은 아무런 상관이 안 된다.

피겨 여왕 김연아나 컴퓨터 황제 빌 게이츠, 자동차 왕 헨리 포드, 한국인 최초의 유엔 사무총장 반기문 등은 자신의 분야에서 성공한 사람들이다.

빌게이츠, 마크주버그, 스티브잡스는 대학 중퇴자다. 카네기, 정주영 회장은 초등학교만 겨우 졸업했다.

눈부신 미래를 창조하고 싶다면 미친 꿈을 가져야 한다. 성공한 사람들은 그 꿈을 이루기 위해 끊임없이 처절하게 노력을 했던 사람들이다. 그들이 자신의 분야에서 최고가 될 수 있었던 것은 꿈에 미쳐 있었기 때문이다. 꿈에 미치면 어떠한 것도 가능하게 만들어주는 기적 같은 일이 일어난다.

미친 꿈에 도전하다 보면 평소에 상상할 수 없는 일을 해내게 된다. 어떤 여성이 취미 란에 '일하는 것'이라고 적었다고 한다. 그동안 주부로 가정에만 있다가 자녀들을 어느 정도 키워놓고 일을 하기 시작했는데 생각이 바뀌고 모든 것이 새롭고 좋다고 했다. 그녀는 마침내 미친 꿈에 도전하여 2년 만에 높은 직급에 올라갔고 억대의 연봉을 받게 되었다.

일 자체가 즐거워야 한다. 성공한 사람들은 일 자체를 좋아한다. 그 일을 통해 자신을 알릴 수 있기 때문이다.

우리 역시 일다운 일을 해야 한다. 남에게도, 자신에게도 부끄러운 일을 해서는 안 된다. 의미와 가치를 부여하는 일, 영향력을 끼치는 일을 하면서 보람되게 인생을 살아야 한다.

나 자신만을 위한 삶이 아닌 다른 사람에게도 관심을 갖고 섬기는 삶을 살도록 하자. 그리고 나에게 주어진 일에 최선을 다하자. 내가 하는 일에 최선을 다하고 가치 있는 일을 즐거움으로 하다 보면 성공은 아주 가까이에 와 있게 된다.

성공은 결코 쉽게 얻어지지 않는 것이며 누구나 성공하는 것은 아니다. 가만히 앉아서 방관만 하면 절대로 성공할 수 없다. 성공하기까지 엄청난 헌신과 집중, 시간 투자가 필요하다. 적극적이고, 성취 지향적인 성격과 목표에 대한 몰입의 자세를 취하여만 한다. 인생이란 끝나지 않는 도전이다.

성공하는 인생을 원한다면 꿈을 꾸어야 한다. 그 꿈이 확실하고 강한 꿈에 미쳐야 성공할 수 있다. 가슴 뛰는 삶은 절대 초라한 현실에 집착하지 않는다. 꿈이 이루어지는 그날을 바라보며 고군분투한다. 즉 꿈이 이끄는 삶을 살아가는 것이다.

미친 꿈에 도전하는 사람은 자신의 꿈을 실현시키기 위해 치열하게 노력한다. 어떠한 시련과 칼바람이 불어 닥쳐도 꿋꿋이 앞으로 나아간다. 미친 꿈에 도전했다면 무조건 앞만 보고 달려서 되는 것이 아니다. 반드시 자신의 가슴을 뛰게 할 꿈을 설정해야 한다. 심장을 뛰게 하는 확실한 꿈에 미쳐야 먼저 해야 할 일을 하게 되는 것이다.

언제나 자신감을 가지고 열정적으로 자신의 성공을 만들어 가자.

> 눈부신 미래를 창조하고 싶다면 미친 꿈을 가져야 한다. 성공한 사람들은 그 꿈을 이루기 위해 끊임없이 처절하게 노력을 했던 사람들이다. 그들이 자신의 분야에서 최고가 될 수 있었던 것은 꿈에 미쳐 있었기 때문이다. 꿈에 미치면 어떠한 것도 가능하게 만들어주는 기적 같은 일이 일어난다.

03 내 안에 잠자고 있는 이상을 깨우자

인간은 뇌 속에 태어날 때부터 150억 개 이상의 많은 세포를 가지고 있고 어마어마한 잠재력을 선물로 받았다. 하지만 괴테는 그 잠재력을 일생 동안 0.4%, 아인슈타인도 겨우 0.6%밖에 사용하지 못하고 죽었다고 한다. 하물며 우리네 평범한 사람들은 0.1%도 사용하지 못할 것이다.

인간은 무한한 가능성을 가지고 있지만 꿈이 있는 사람만이 자신의 능력을 마음껏 발휘할 수 있다. 꿈이 없는 사람은 자기에게 주어진 능력을 제대로 발휘하지 못한다. 하지만 꿈을 가지고 있는 사람은 현재의 능력을 수백, 수천 배를 발휘하며 살아갈 수 있는 것이다. 꿈이 없는 사람은 정신적인 장애로 볼 수밖에 없다. 꿈꾸는 사람만이 건강한 삶을 살아갈 수 있다.

잠자고 있는 이상을 깨운다는 것은 수동적인 자세에서 능동적이며 적극적인 자세로 변화된다는 것을 의미한다. 잠재력을 끝까지 다 발휘하려면 환경이 아주 중요하다. 누구도 따라오지 못할 정도로 잠 재력이 풍부할지라도 어리석은 사람과 어울리는 바람에 삶을 망치 는 사람들이 많이 있다. 게으르고 절제하지 못하는 사람, 꿈이 없는 사람, 부정적이고 비판적인 사람과 가까이 지내면 그런 성향으로 전 염되기 쉽다. 부정적인 사람과는 관계를 정리해야 한다.

심리학자 프로이트는 인간의 정신세계에서 잠재의식이 90% 이상 을 차지한다고 말했다. 내 안에 잠재의식이라는 거인이 잠들어 있는 것이다.

거인을 깨우기만 하면 누구나 원하는 삶을 살 수 있다. 많은 사람 이 성공을 꿈꾸고 있지만 성공하는 사람이 적은 것은 잠재능력을 발 휘하는 능력을 모르기 때문이다. 강렬한 욕구를 일으키는 꿈을 구체 적으로 설정하면 잠재의식이 바라는 방향으로 이끌어 줄 것이다.

잠재의식은 우리의 명령을 매우 충실하게 이행한다. 겉치레나 거 짓은 잠재의식 앞에서는 통하지 않는다. 항상 명확한 지시를 내려야 한다. 적당한 기회가 되면 반드시 우리의 꿈을 실현시켜줄 것이다.

하버드대 MBA 석사 스티븐 코비는 말했다.

"사람들은 성공하길 바라며 저마다 성공의 비결을 찾아 헤맨다. 하지만 그 비결이란 어쩌면 우리가 생각하는 것보다 훨씬 간단할지 도 모른다. 성공인사가 되는 열쇠는 바로 '나는 나를 믿어.', '나는 내 가 좋아.', '내가 제일 능력 있어.'라고 생각하는 태도다."

우리는 반드시 할 수 있다고 믿으면 모든 것을 해낼 수 있다. 못한다고 미리 단정하면 좋은 결과를 낼 수 없다. 끊임없는 자기암시는 자신 안에 있는 힘을 이끌어낸다.

우리 몸은 약 60조 개의 세포로 이루어져 있고, 각자의 세포 속에는 무려 30억 개의 화학문자로 구성되어 있는 유전자 정보가 들어 있다. 그리고 그 30억 개의 유전 정보는 1,000쪽짜리 책 3,000권 분량의 정보량과 같다 한다. 하지만 실제로 작동하는 것은 10%에 불과하고 나머지 90%는 모두 꺼져 있다고 학자들은 말을 한다. 결국 꺼져 있는 90%의 유전자들을 어떻게 켜서 사용할 것인가에 달려 있다.

인생에서는 아무리 큰 실패를 했을지라도 빈털터리가 아니다. 우리에게는 아직 자아를 실현할 가장 큰 밑천, 바로 무한한 잠재력이 있기 때문이다. 성공하는 사람들은 단지 운이 좋아서가 아니라 잠재력을 중요시하고 이를 통해 자신을 넘어섰기 때문이다.

모든 일에 최선을 다하는 것만으로는 부족하다. 반드시 온힘을 다하여 전력 추구해야 한다.

대부분의 사람들이 자기 잠재력의 10%도 발휘하지 못하고 나머지 90% 이상의 잠재력을 가두어둔 상태로 살아간다. 이는 최선을 다한 결과이다. 하지만 전력추구를 하게 되면 남은 잠재력을 효과적으로 일깨울 수 있다. 하지 못할 것 같았던 일들도 얼마든지 해낼 수 있게 된다.

지능이나 배경의 좋고 나쁨에 상관없이, 품고 있는 꿈의 크기와도 상관없이 전력투구의 자세로 일을 대하자. 이렇게 함으로써 자신의 잠재력을 일깨우고 계발할 수 있다.

전력투구하는 자세가 우리의 희망과 기대를 모두 실현시켜 줄 것이다.

근대 심리학의 창시자인 윌리엄 제임스 역시 '보통 사람은 자신이 가진 능력을 10퍼센트도 채 쓰지 못한다.'고 했다.

자신이 가진 능력을 충분히 발휘하고 싶다면 현실에 안주하거나 매너리즘에 빠지지 말고 무엇이든지 용감하게 시도해봐야 한다. 직접 몸을 움직여 겪어봐야 잠재력을 최대한 계발할 수 있고, 더 나은 내가 될 수 있다는 것이다.

실행해보고 시도해봐야 잠재력을 최대한 계발할 수 있다. 또한 더욱 훌륭한 내가 될 수 있다.

누구나 성공하기를 원하고, 풍요로워지고 싶을 것이다. 잠재의식은 비옥한 밭과 같다. 하지만 그 땅이 아무리 기름진 좋은 땅이라 해도 그대로 내버려두면 머지않아 잡초만 무성할 뿐 못 쓰게 되고 만다. 긍정적인 자기암시의 좋은 씨앗을 열심히 가꾸어간다면 점점 풍요로워질 것이다.

특별한 노력을 기울이거나 간절히 원하지 않아도 직감은 우리의 무한한 지성과 자유자재로 교신한다. 성공을 바란다면 이 직감을 잘 활용할 줄 알아야 한다.

직감은 잠재의식의 일부인데 창조적 상상력과 관련이 깊다. 직감은 아이디어, 착상, 번뜩임, 명안 등을 포착하는 수신 장치이기도 하다. 이 직감을 깨워 활용하자. 성공으로 이어지는 문을 열어줄 것이다.

번뜩이는 직감을 가지도록 노력하자.

모든 시대, 모든 성공한 사람들이 가지고 있었던 '그 어떤 것'이 현재 우리의 손 안에도 들어 있다. 이 '어떤 것'이야말로 예술이나 과학 등 온갖 분야에서 기적을 일으킨다.

헤아릴 수 없는 가치가 있는 직감을 기르기 위해 우리의 사고를 최대한 높여 나아가야 한다. 모든 사람의 잠재의식 저장고와 자유롭게 교신할 수 있을 것이다

성공을 밖에서 구할 필요는 없다. 나를 변화시킬 에너지를 밖에서 찾을 필요도 없다. 모두 내 안에 잠들어 있다.

내가 꿈꾸고 있는 좋은 것들이 이루어지기를 간절히 소망한다면 언젠가는 이루어지게 돼 있다. 내 안에 잠든 거인을 깨우는 방법이 여기에 있다.

구체적으로 상상하자.

예술가의 작품이나 세상의 발명품, 디자이너의 작품들은 모두 상상력의 산물이다. 상상을 실현할 수 있는 힘이 내 안에 있다는 것을 믿어야 한다.

상상을 현실화시키고 싶다면 내 안의 에너지를 한 곳에 모을 필요가 있다. 최대한으로 집중해야 한다. 에너지가 집중되면 놀라운 힘이 발휘된다. 시간도 단축시켜주고, 평상시에는 상상하지도 못한 영감들이 떠오르기도 한다.

인간의 잠재능력은 무궁무진하다. 단지 제대로 집중하지 못하기 때문에 그 능력을 제대로 발휘하지 못하는 것뿐이다.

또한 우리가 가지고 있는 잠재의식의 힘을 훈련하면 그 능력을 몇 배나 증폭시킬 수 있다. 잠재의식은, 몇 번이고 반복적으로 또렷하게 새겨 놓은 것은 반드시 실현하고 마는 만능의 힘을 지니고 있다고 한다. 신선한 충격이나 새로운 감동, 새로운 발견 속에 금맥이 깃들어 있다. 또한 상황이 제대로 판단이 안 될 때에 잠재의식에 문제해결을 맡겨보자. 우리가 생각하는 인생의 계획보다 훨씬 더 멋진 계획을 세워줄 것이다.

자신의 능력을 계발할 수 있는 유일한 존재는 바로 자기 자신뿐이다. 그것은 아주 중요한 우리의 의무이다.

자신이 가지고 있는 것을 정확하게 인식하여, 개발하고, 그리고 사용해야 한다. 내 안의 유전을 개발하자.

우리는 무한한 가능성을 가지고 있다. 어떤 생각을 가지고 행동을 하느냐에 따라서 성공과 실패가 달려 있다. 자신을 믿고 목표를 향해 절실하게 노력하여 내 안의 잠재력을 이끌어내야 한다.

내 안에 잠재의식이라는 거인이 잠들어 있다.
거인을 깨우기만 하면 누구나 원하는 삶을 살 수 있다. 많은 사람이 성공을 꿈꾸고 있지만 성공하는 사람이 적은 것은 잠재능력을 발휘하는 능력을 모르기 때문이다. 강렬한 욕구를 일으키는 꿈을 구체적으로 설정하면 잠재의식이 바라는 방향으로 이끌어 줄 것이다.

04
현실주의자가 아닌
이상주의자가 되어야 한다

현실주의자의 장점은 무모하지 않고 안정적이며, 뒤처지지 않는다. 그리고 현재에서 뒤처지지 않기 위해 안정적인 삶을 추구한다. 그로 인해 삶이 안정적이라 할 수 있어 무모한 도전은 하지 않는다. 그들은 현실에 맞게 살기를 바라며, 또한 사회의 흐름을 빨리 읽을 수 있다.

그러나 한계를 설정하고 자아실현을 하기 어려운 것이 단점이다. 이들은 높은 꿈보다는 '현재'와 '현실'을 더 중요시 여기며 더 높이 올라갈 수 있음에도 자신이 처한 상황이나 사회 상황 등을 고려한다.

자신에 대하여 한계치를 정하는 것이다.

삶의 궁극적인 목적은 자아실현이다. 내가 하고 싶은 것을 했을 때나 꿈을 이루었을 때 자아실현이 이루어지게 된다. 하지만 현재와 현실을 먼저보기 때문에 자아실현을 하는 것이 대단히 어렵다.

보통 비관론자들은 현실적이고 냉철한 성향이 있다.

이상주의자의 장점은 꿈과 행복, 자아실현에 있다. 이상주의자들은 하고 싶은 것에 집중한다. 목표를 항상 높게 잡고, 다른 사람들이 뭐라고 하든 상관하지 않는다. 그리고 본인의 자아실현을 위해 꿈에 도달하기 위한 노력을 한다. 그들은 행복이 가장 핵심적인 본질이며, 삶의 본질이 행복이다.

그렇다고 장점만 있는 게 아니다. 무모함과 현실감각이 없는 것이 단점이다. 현실감각이 없다는 것도 문제라 할 수 있다.

누구나 처음 품었던 생각을 더 크게 키울 수 있는 힘이 있다. 그렇게 해서 처음 생각을 키워나가면 처음에 가졌던 생각이 진정한 행복과 목적을 위한 하나의 디딤돌이 되었다는 것을 깨닫게 될 것이다.

인생의 참의미를 향해 가는 데 없어서는 안 될 그런 디딤돌이 되게 한다. 자신의 강점을 활용하게 되면 성공의 수레바퀴를 움직일 수 있다. 열정을 발견하면 하는 일에 애착을 갖게 되고 자신의 재능을 독창적인 방법으로 활용할 수 있게 영감을 받는다.

가치를 가지려면 아이디어를 개발하여 행동해야 한다. 주어진 기회를 잡아 진정한 목적을 향해 나아가게 될 때 크나큰 행복을 가져다줄 것이다. 처음에 세웠던 목표를 달성하는 일만이 궁극적인 목적이라고 믿어서는 안 된다. 최초의 아이디어 그 너머를 생각하자. 필요하다면 다른 사람에게도 도움을 요청하고 받아 들여야 한다.

나폴레온 힐은 "인생에서 성공은 행복에 달려 있으며, 행복은 사랑의 정신에 따라 행하는 봉사에서만 찾을 수 있다."라고 말했다.

사랑의 정신으로 행하는 봉사야말로 큰 자긍심을 주는 원천이다. 우리도 현재의 삶에 만족하지 말고 새로운 삶을 추구해야 한다. 그렇게 하기 위해서는 가장 먼저 마음가짐을 바꾸어나가는 일이다. 단계적으로 하나씩 바꾸어야 되며 일상적인 일부터 실천하면 된다.

자신을 위해 노력하는 사람은 보다 많은 진보를 할 수 있다.

아울러 현명한 사람은 시대를 읽을 줄 알아야 한다. 그래야 당장 눈앞에 닥친 현실밖에 볼 줄 모르는, 소극적이고 나약한 단면적인 사고방식에서 벗어날 수 있다.

세계와 국가와 민족을 볼 줄 알고, 10년 뒤의 미래를 그릴 줄 알아야 매사에 강인하고 적극적인 자세로 임하게 되는 것이다.

현실이 고통스럽고 비참할수록 더욱 꿈꾸는 자가 되어야 한다. 인생은 단순히 먹고 살기 위해 존재하는 것이 아니라 큰 꿈을 이루어 인류에게 유익을 끼치기 위해 존재하는 것이다. 꿈을 가진 사람은 매우 열정적이며, 모든 하는 말과 일에 강력한 에너지를 발산하게 된다.

우리나라 기업인 중 윤리적 경영이념을 지켰던 대표적인 인물인, 유일한 유한양행 창시자의 이야기이다.

그는 미국에서 고학으로 공부하고 1926년 일본의 압제하에 가난과 질병으로 신음하는 민족을 위해 민족기업인 유한양행을 창립하였다. 그리고 일본인들이 득세하고 있던 제약업계에서 '건강한 국민만이 주권을 되찾을 수 있다.'는 신념으로 성공을 거두게 되었다.

그 후 학교를 설립하여 젊은 후진을 양성했다.

기업은 물론 전 재산을 사회에 환원한 그는 '기업이윤의 사회 환원'의 정신을 몸소 실천한 기업인이었다. 유일한 박사의 기업이념은 '정성껏 좋은 상품을 만들어 국가에 봉사하고, 정직하고 성실한 인재를 양성해서 배출하는 것'이다. '기업을 키워 일자리를 만들고, 정직하게 납세하며, 남은 것을 사회에 환원한다.'는 것이었다.

나 혼자만, 우리 회사만 잘되기 위해 온갖 비도덕적인 방법으로 경영을 하는 회사는 절대로 성공할 수 없다.

이 세상에 똑같은 사람이 존재하지는 않지만 성공한 사람들은 놀라울 정도로 닮아 있는 것을 볼 수 있다. 그중에서도 용감함, 강인함, 사고력, 겸손함, 부지런함, 배움에 대한 노력과 열정이 닮았다고 할 수 있을 것이다.

좋은 인성은 건강한 정신과 바른 행동 자세로 일상생활은 물론 학업이나 일에서도 좀 더 수월하게 많은 성과를 거둘 수 있고, 나아가 더 나은 자아를 만들 수 있다.

지식은 우리에게 큰 힘이 되며, 운명을 바꾸는 열쇠가 된다. 이것이 바로 배움을 즐기고, 지식을 활용하는 법을 배워야 하는 이유이다. 더 나아가 자아를 실현하고 빛나는 업적을 세우는 길이다.

모든 사람들이 안정된 직장을 찾고 있지만 안정된 직장은 그 어느 곳에도 없다. 어느 직장이든 쓰임을 다하고 나면 버려지는 것이 현실이기 때문이다. 따라서 현실주의자가 아닌 이상주의자가 되어야 한다.

적당한 긴장과 설렘이 있어야 인생을 살아가면서 더욱 노력하게 된다. 그리고 새로운 도전을 위해 끊임없이 배워야 더 나은 삶을 살 수 있다.

앞으로는 더욱 더 직장을 구하는 일이 어려워지고 경쟁은 치열해질 것이다.

여러분 모두가 현실에 안주하다가 어느 날 갑자기 구조조정을 당하게 되는 비참해지는 신세가 되지 않기를 바란다.

직장이 아닌 자신의 강점을 살릴 수 있는 직업을 선택해야 한다. 바로 그것이야말로 경쟁 속에서 우리를 구원해줄 확실한 무기가 될 것이다.

> 현실이 고통스럽고 비참할수록 더욱 꿈꾸는 자가 되어야 한다. 인생은 단순히 먹고 살기 위해 존재하는 것이 아니라 큰 꿈을 이루어 인류에게 유익을 끼치기 위해 존재하는 것이다.

(05)
상상하면 미래가 달라진다

인간의 뇌는 독특한 기능이 있다. 암시에 걸리면 그에 맞게 주인의 신체, 두뇌, 정신능력을 조절하는 것이다.

강력한 암시인 사고방식에는 두 가지 종류로, 성공을 만드는 사고방식의 성공관념과 실패를 만드는 사고방식의 실패관념이 있다.

뛰어난 재능을 지니고, 피눈물 나는 노력을 하고도 성공하지 못하는 사람들이 있다. 그런 사람들은 스스로에게 무의식적으로 부정적인 암시를 걸고 있다는 것이다.

'나도 내가 원하는 삶을 살고 싶다. 그런데 이런 이유 때문에, 저런 이유 때문에 하면서 어려울 것 같다.'고 생각할 때 뇌가 육체와 정신능력을 부정적인 암시에 맞게 조절해 버린다는 것이다. 그 결과로 자신이 원하는 삶을 살 수 있는 기회를 놓치게 된다.

자수성가형 부자가 되는 것도 마찬가지다.

'나도 부자가 되고 싶다. 하지만 어디 그게 쉬운 일이어야지.'

이런 사고방식을 가지면 뇌가 육체와 정신능력을 그에 맞게 조절해 버리는 것이다.

우리나라는 한때 세계 10대 빈국 중 하나로 소말리아, 우간다와 동급인 나라였다. 희망이라고는 조금도 보이지 않던 후진국이었지만 우리 아버지 세대는 말도 안 되는 믿음을 가졌었다. 그 결과 한국은 세계 1위의 경제대국이 되었다. 그러나 성공관념을 갖지 못했던 소말리아, 우간다 등은 아직도 수십 년 전 그대로이다.

지금까지 살아오면서 모두가 안 된다고 말할 때 "반드시 된다."라고 외치면서 미친 사람처럼 목표를 향해 달려가 본 적이 얼마나 있었는가? 만일 그런 적이 없었다면, 오늘부터라도 그런 사람이 되어야 한다.

2,300여 년 전, 아리스토텔레스는 이렇게 말했다.

"머릿속으로 자신이 바라는 것을 생생하게 그리면 온몸의 세포는 모두 그 목적을 달성하는 방향으로 조절된다."

제대로 된 목표가 만들어지면 그때부터 모든 것이 변하기 시작한다. 만나는 사람과 자주 가는 곳도 달라진다. 그리고 보고 듣는 책이나 기사뿐 아니라 방송 채널도 달라지고 대화의 주제도 달라진다.

처음에는 사람이 목표를 만들었지만 일단 목표가 세워지면 목표가 사람을 이끌어 가게 된다.

'지지지중지 행행행중성'이라는 말이 있다.

'가고, 가고 또 가다 보면 알게 되고, 행하고, 행하고 또 행하게 되

면 이루게 된다. 목표에 대해 생각하고, 생각하고, 또 생각하다 보면
방법을 찾게 되고, 행하고, 행하고 또 행하다 보면 목표를 달성할 수
있다.'라는 말이다.

아무리 노력해도 한 가지 일을 해내지 못한다면, 의지력이 충분
하지 못해서가 아니라 우리의 목표가 자아 형상과 부합되지 않은
이유일 수도 있다. 그럴 때 만약 상상력으로 머릿속에 확실한 이미
지를 그리게 된다면, 당신의 자아 형상도 바뀌고 최종 결과도 바뀔
것이다.

상상력은 정신력으로 자신이 원하는 소망을 이룰 수 있게 돕는다.
"인류가 꿈꾸는 것이라면 무엇이든 이룰 수 있다."

꿈과 행복은 구체적인 것이다. 애매하고 불확실한 자세를 가지고
서는 절대로 행복을 가져오지 못한다. '잘되겠지.', '어떻게 되겠지.'
와 같은 막연한 기대감을 갖고서는 목표를 향해 끝까지 달려 나아갈
수 없다. 언젠가는 행복한 날이 오겠지 하며 마냥 기다리기만 해서
는 그런 날은 영원히 오지 않게 된다.

어제의 실패를 한탄하면서 지내서는 안 된다. 새로운 꿈을 꾸고
하루하루를 상상하면서 최선을 다할 때 꿈은 현실이 된다.

성공을 손에 넣는 데 필요한 것은 '긍정적인 사고방식'이다.

성공을 믿는 사람만이 성공할 수 있다. 조금이라도 부정적인 생각
으로 실패를 생각한다면 그런 사람에게는 어김없이 실패가 찾아오
게 된다. 그리고 훈련을 통해 그 효과를 발휘할 수 있으므로 상상력
을 키워야 한다. 상상력으로 모든 것을 만들어낼 수 있다. 생각을 조

금만 다르게 하는 것으로도 목표를 이루어나갈 수 있다. 그 아이디어는 바로 상상력에서 나오는 것이다.

성공하는 것만을 상상하고 있으면, 강력한 힘이 작용하여 그렇게 되어간다.

이루고 싶은 꿈과 성공의 자화상을 이미지화하자. 이미지화는 창조적인 인생을 보내는 데 있어서 중대한 원리이며, 성공적인 삶의 테마이기도 하다.

이미지화는 우리들이 상상할 수 없는 문제해결이나 목표 달성의 문을 열어준다. 이미지트레이닝은 이상적인 자신의 미래의 모습을 상상하는 것이다. 꿈이 이루어진 장면을 마음속으로 그려보면서 그것이 실제로 존재한다고 믿자. 꿈이 이루어지는 기쁨을 체감할 수 있다.

이 이미지트레이닝에 의해 꿈을 실현시킨 사람은 매우 많다.

자동차 왕 헨리 포드, 석유 왕 록펠러 등의 실업가들도 이미지트레이닝으로써 성공하는 모습을 생생하게 그려보았다. 여러분도 이미지트레이닝을 통해 꿈이 실현되어 성공의 삶을 살아가길 바란다.

생명의 원리는 원래 풍요로움을 지향한다. 결핍된 삶은 우리가 겪어야 할 삶의 모습이 아니다. 얼마든지 풍요롭고 행복한 인생, 성공하는 삶을 누리며 살아 갈 수 있다.

우리는 반드시 행복해야 하고 꼭 성공해야 한다. 부와 풍요로움 등을 상상하고 있으면 마음속 깊은 곳에서 풍요로운 감정이 솟아난다. 상상하면 무엇이든 가능하게 하는 힘을 가지고 있다.

상상하자! 무조건 이루어진다.

꿈을 이루는 것은 절실한 노력과 함께 얼마나 간절히 원하느냐에 달려 있다. 얼마나 상상하고 원하느냐에 따라 꿈을 이루는 속도도 달라지게 돼 있다.

필자는 멋진 미래를 위해 꿈을 갖고 생생하게 그리며 상상하고 있다. 남진이 불렀던 노래가 나의 꿈을 생각나게 하며 또 한 번 상상하게 만들어준다. '저 푸른 초원위에 그림 같은 집을 짓고'라는 노래처럼 공기 좋고 숲이 우거진 곳, 계곡 시원한 물에 발을 담글 수 있는 곳에 꿈이 있는 힐링센타를 아름답게 꾸밀 것이다.

1층은 의료 기구를 설치해서 몸을 풀 수 있도록 하고, 2층은 독서실과 찻집, 3층은 예배실과 강의실, 4층은 식당, 5층은 숙소로 아름답게 지을 것을 날마다 생생하게 그리며 상상하고 있다.

때를 따라 피고 지는 형형색색의 꽃을 바라보며, 새들이 지저귀는 소리를 들으며 마음껏 책을 읽고, 쓰고 싶은 책들을 쓰면서 남은 인생을 보낼 것이다.

몸과 마음이 아프고 지쳐 있는 사람들이 와서 새로운 힘을 얻어 주어진 일을 잘 해나갈 수 있도록 인생을 서로 이야기하는 곳으로 만들 것이다.

하나님께서 만드시고 누리게 하신 기쁨을 함께 나누며 살고 싶다. 목이 터지도록 힘껏 주님을 찬양하며 부르는 그날, 끓는 피가 식어지는 그날까지 꿈을 이루어 성공과 행복을 노래하며 살리라.

시인 에머슨은 "당신이 할 수 있다고 생각하면 할 수 있고, 당신이 할 수 없다고 생각하면 할 수 없다."라고 했다.

된다고 믿는 사람은 꿈이 실현되는 상상을 할 것이고, 불가능하다고 믿는 사람은 실패하는 상상을 할 것이다. 아무리 작은 꿈이라도 그 꿈이 실현되는 것을 상상하지 않고 믿지 않으면 꿈이 실현되는 것은 불가능한 것이다. 하지만 아무리 절망 속에 있다 할지라도 꿈을 포기하지 않고 생생하게 그리고 상상한다면 희망은 언제나 함께할 것이다.

꿈을 계속 상상하며 앞으로 나아가는 사람은 반드시 성공한다.

이미지화는 우리들이 상상할 수 없는 문제해결이나 목표 달성의 문을 열어준다. 이미지트레이닝은 이상적인 자신의 미래의 모습을 상상하는 것이다. 꿈이 이루어진 장면을 마음속으로 그려보면서 그것이 실제로 존재한다고 믿자. 꿈이 이루어지는 기쁨을 체감할 수 있다.

(06) 기회는 노력하는 사람에게만 주어진다

건강과 행복은 그냥 운이 좋아서 생기는 것이 아니다. 철저히 준비하고 노력했기 때문에 지금 운이 좋아져 그 열매를 즐길 수 있는 것이다.

무엇이든지 준비를 잘하고 있는 사람에게는 운이 따른다. 그러나 노력이 없으면 운도 따르지 않게 된다. 어떤 능력이나 지식을 갖추고 인내하며 그 일을 하다 보면 의외로 좋은 곳에서 좋은 결과들이 나타난다.

진인사 대천명이란 말이 있듯이 할 일을 다 하고 하늘의 뜻을 기다려야 한다.

우리 모두가 힘든 세상에서 살아가고 있지만 열심히 노력하는 자에게는 기회가 주어지는 것이다. 그래서 세상은 공평하다고 볼 수 있다.

각자의 성공기준이 다르기는 하지만 아무것도 쉽게 얻어지는 것은 없다. 사람들 생각에는 자신은 항상 힘든 것처럼 느끼고 다른 사람들은 아주 쉽게 성공한 것으로 생각을 하지만 절대로 그렇지 않다. 결과만 보고는 부러워하지만 성공한 사람들은 남다른 노력을 했기 때문이다.

인생을 살아가다 보면 기쁘고 행복한 일도 있지만 힘들고 가슴 아픈 일을 당할 때도 많다. 때로는 끝이 보이지 않는 캄캄한 터널을 지날 수밖에 없는 절망적인 순간을 맞기도 하고, 갑자기 닥치는 불행을 막지 못해 슬픈 일을 겪을 때도 많이 있다. 하지만 위기에 처하더라도 그 위기를 어떻게 대처하느냐에 따라서 인생이 달라질 수 있다.

위기에서 기회를 발견해야 한다. 우리 주위에는 항상 위기가 있지만 그 위기를 어떻게 대처하느냐에 따라 위기는 기회가 될 수 있다.

따라서 우리에게 어떠한 위기가 찾아올지라도 현명하게 대처해 위기를 기회로 만들어야 한다. 위기를 잘 대처할 때 성공의 문을 열고 성공을 향해 앞으로 나아갈 수 있게 된다.

일이 뜻대로 안 된다고 해서 절망할 필요는 없다. 위기는 개인이든 가정이든 회사든 국가이든 절대로 피할 수 없다. 위기는 인생을 살면서 반드시 만날 수밖에 없는 필연적이다. 위기는 우리를 밑으로 떨어뜨리려는 것이 아니라 더 높은 곳으로 올라가게 하려고 찾아오는 것이다.

위기는 그냥 기회가 아니라 위대한 기회인 것이다. 마음을 다시

가다듬고 더 열심히 노력하면 된다. 지금보다 더 좋은 일이 일어나리라는 확신을 가지고 앞으로 나아가면 된다. 누구에게나 시련의 시기, 도전의 시기를 잘 넘기면 기회도 찾아온다.

우리는 반드시 꿈에게 기회를 주어야 한다. 그렇지 않으면 꿈도 우리에게 기회를 주지 않게 된다.

펜실베니아에 월터 하비라는 사람이 경제대공황으로 어려움을 겪고 있을 때의 일이다.

그는 직장을 얻기 위해 수많은 노력을 했으나 허사였다. 뉴욕에만 393개의 체인점을 가지고 있는 약국에 각 지점마다 편지를 보냈으나 답장은 한 통도 없었다. 그러나 월터 하비는 절망하지 않고 적극적인 방법을 찾았다.

그는 약국을 직접 찾아가서 자신을 소개했다. 그러자 약국에서는 그를 반갑게 맞아주었다. 당신처럼 적극적인 사람을 찾고 있었다면서 그날부터 취직이 된 것이다. 그 후 그는 최고 관리직에 올라가게 되었다.

기회는 노력하는 사람에게만 주어진다. 적극적인 삶을 사는 사람에게 기회의 문은 항상 열려 있다.

이미 성공을 이룬 사람은 그 성공이 행운 때문이 아니라고 단호하게 말한다. 그들은 자신이 사랑하는 일이 무엇인지 알고, 자신의 경험과 전문성을 새로운 아이디어나 비즈니스를 만들어내는 데 활용한다.

성공은 가능성에 저항하는 기회의 게임이 아니다. 성공했던 사람들이 오랫동안 사용했던 성공의 원칙을 그대로 적용시키는 것이다.

따라서 기회가 올 때까지 마음의 준비를 완전히 갖추고 조용히 기다려야 한다. 또한 우리는 기회가 왔을 때 그 기회를 빨리 알아차려야 한다. 그것이 성공의 열쇠가 되는 것이다. 성공의 참된 표시는 기회 자체에 잇는 것이 아니라, 기회가 왔을 때 무엇을 하고 있는가에 달려 있다.

기회의 문은 항상 열려 있다. 올바른 순서대로 올바른 일을 시작하자. 성공은 가까이에서 우리를 기다리고 있다.

사람은 누구나 성공의 기회를 얻어 자기 인생의 가치를 실현하고 싶어 한다. 그러면 어떻게 해야 성공을 거머쥘 수 있을까? 혹자는 천재와 같은 지혜를 지녀야 한다고 말한다. 또한 기회를 잘 잡아야 한다고 말하며, 또 누군가는 성실히 노력해야 한다고 말을 한다.

기회가 왔는데도 아직 못 잡고 망설이는 것은 아닌지 생각해보자. 망설임의 결과가 어떤가를 생각해보고 어서 행동에 나서야 한다. 지나간 시간은 다시 돌아오지 않는다. 기회라는 것도 항상 찾아오지 않는다. 나에게 찾아온 좋은 기회를 이대로 잃어버려서는 안 된다. 성공의 지름길은 자신에게 찾아온 기회를 꼭 잡고 나아가는 것이다.

기회가 왔을 때 자신의 마음을 잘 다스려야 한다. 자부심을 가지고 용서와 사랑의 마음으로 희망과 확신을 가지고 나아가야 한다.

인생이란 낯선 곳에서 목표라는 나침반이 없다면 우리는 아무 곳에도 갈 수 없다. 우리는 우리 자신이 현재 어디에 서 있는지를 알고, 어디로 갈 것을 알아야 한다. 우리에게는 나아갈 방향이 필요한 것이다.

목표를 설정하고 그것을 관리해가면서 집중하자. 똑같은 시간을 사용할지라도 시간을 사용하는 방법에 따라 다른 결과를 가져오게 된다. 주어진 시간을 철저히 자신의 것으로 만들어 집중해야 한다.

무슨 일을 하든지 성공하기 위해서 반드시 필요한 것 가운데 하나가 집중력이다. 인간은 무한한 잠재력을 지니고 있다. 그것을 현실 속으로 끌어내는 방법 중 하나가 바로 집중력이다. 집중력을 높이면 시간을 절약할 수 있다.

시간이란 길이는 일정해보이지만 사용자에 따라서 길이가 길어지기도 하고, 줄어들기도 한다. 선천적으로 타고난 사람도 있지만 누구나 노력하면 집중력을 높일 수 있다.

일이든지 공부든지 전력을 다해 전진해 나아가기 위해서는 긴장이 반드시 불가결하다. 긴장하여 일에 매달림으로써 집중력이 생겨나게 되고 두뇌의 작용도 활발해지는 것이다. 그러나 집중시간이 누구나 똑같지 않으므로 자신의 페이스에 맞게 적당하게 조절하는 것이 좋다.

사람들은 대부분 자신이 가지고 있는 지식이나 정보가 한정될 때 긴장을 한다. 행동에 따른 결과물에 대한 확신이 없어서이다. 이러한 무지로 인해 변화를 두려워하고 새로운 일을 시도하는 것을 망설이도록 한다.

무지한 사람은 두려움에 떨고 망설이다가 기회를 놓쳐 아무 일도 하지 못하고 만다. 용기는 두려움을 물리치지만 망설임은 도전의 최대 걸림돌이다.

나에게 찾아온 기회를 잡지 못하면 그 기회는 영원히 오지 않을 것이다. 지금 해야 할 일이 있다면 절대로 망설이지 않아야 한다.

기회는 모든 사람에게 공평하게 주어진다. 그러나 그 기회를 잡는 사람과 잡지 못하는 사람이 있다. 누구나 성공할 수는 있지만 아무나 성공하지는 못한다. 올바른 기회를 잡고 절실하게 노력하는 사람만이 성공할 수 있기 때문이다.

현명한 사람은 주어지는 기회를 놓치지 않는다. 좋은 때를 놓치지 않고 자신에게 주어지는 기회를 잡는 것은 너무 중요하다. 이런 기회는 쉽게 발견할 수 없으며 그것을 잡는다는 것은 매우 어렵다.

기회는 먼 곳에 있지 않고 항상 가까운 곳에 있다. 그러므로 두려움과 망설임을 버리고 지금 꽉 잡아 자존감과 자신감이 넘치는 축복의 사람이 되기를 바란다.

사람들 생각에는 자신은 항상 힘든 것처럼 느끼고 다른 사람들은 아주 쉽게 성공한 것으로 생각을 하지만 절대로 그렇지 않다. 결과만 보고는 부러워하지만 성공한 사람들은 남다른 노력을 했기 때문이다.

(07)
미래는 생각대로 열린다

당신의 동의 없이는 아무도 당신을 열등감에 빠지도록 할 수 없다.

— 엘라너 루스벨트

나폴레온 힐의 '생각이 실체가 된다.'라는 말은, 자신의 목표를 이
룬 사람들은 일을 시작하기 전부터 이미 그 일에 대해 생각하고 있
었다는 의미이다. 그러나 어떤 사람들은 자기 아이디어를 실천에 옮
기는 반면 왜 다른 사람들은 실천에 옮기지 못할까?

누군가는 생각을 그저 하릴없이 시간을 때우는 도구로 사용하는
반면, 다른 누군가는 아주 큰 성공과 업적을 이루는 씨앗으로 활용
하고 있다.

하버드대학교 의과대학 정신의학과 임상교수인 스리니바산 S. 필
레이 박사는 수많은 시간을 임상과 연구에 몰두한 경험을 바탕으로

뉴로비즈니스 그룹이라는 기업을 설립했다.

필레이 박사는 자신의 직업상 뇌에 대한 탁월한 견해를 낼 만한 위치이기도 하지만, '생각이 곧 실체가 된다.'라는 말의 산중인이기도 하다.

그가 하버드대학에 입성하게 된 이유는 다른 사람들과 달랐던 점이 있다. 하버드대학에 가겠다고 생각하자마자 실행에 옮겼다는 것이다. 필레이 박사는 생물학적 관점에서 이렇게 설명했다.

"어떤 행동이 일어나려면 운동 뇌, 곧 운동피질이 활성화되어야 한다. 아이디어나 생각을 실행에 옮기려면 그 생각에 온통 집중하고 그것이 우선순위가 되도록 해야 한다."

우리 모두는 태어날 때 참으로 대단한 힘인 잠재력을 가지고 태어났다. 그 힘을 사용하여 자신의 삶과 다른 사람의 삶을 바꿀 수 있는 능력이 있는데 그것이 바로 '생각의 힘'이다.

그러나 사람들은 생각이 보이지 않는다는 이유로 가치가 없는 것으로 여기지만 그렇지 않다. 우리의 생각을 현실로 변화되도록 행동에 옮긴다면, 생각은 측정할 수 없을 정도의 엄청난 가치를 가지게 된다.

생각을 행동으로 옮기면 행동이 만든 결과를 온전히 얻게 된다.

우리가 이 세상에 끼칠 수 있는 영향력은 자신이 생각하는 사고의 크기에 달려 있다. 따라서 언제나 크게 생각하고 지금 행동하자. 자신의 멋진 성공의 스토리를 직접 쓰는 날이 반드시 찾아 올 것이다.

성공한 사람들의 살아 있는 스토리는 언제나 열정으로 가슴을 뛰게 만든다. 특히 고난과 역경을 이겨내고 자기 분야의 정상에 우뚝 선 모습에서 감동과 영감을 받게 된다. 그들의 생각이 큰 부와 성공을 만들었고 독자에 대한 용기와 확신을 충분히 주고 있다.

"루비콘강을 건넌다."는 말은 고대 로마의 고사에서 따온 것인데 "이제 이전으로는 돌아갈 수 없다는 중대한 결의를 하다."라는 의미가 있다. 우리의 인생도 루비콘강을 건너야 할 시점이다.

크게 기대하자.

우리 인생은 생각대로 열려진다. 내가 기대하고 생각하는 만큼 성장할 수 있고, 성공할 수 있으며, 기대하고 생각하는 만큼 건강해질 수도 있다.

환경이 중요한 것이 아니다. 우리의 생각이 환경을 바꾸어놓는다.

여러분은 성공에 대한 생각을 가지고 얼마나 기대하고 있는가? 기대하고 온통 성공의 생각을 가득 채워야 한다. 성공의 인생이 열려질 것이다. 성공에 대한 기대가 내 마음속에 흘러 넘쳐날 때 성공이 찾아올 것이다.

여러분의 인생에 비전이 있는가? 그렇다면 기대의 불을 붙여야 한다. 뜨거운 열정으로 비전을 활활 타오르게 하자. 그러면 기대의 불 속에서 비전은 성공의 옷을 입고 나오게 될 것이다.

비전을 크게 이루고 싶은가? 좋은 생각을 가지고 크게 기대하자.

하나님은 갈수록 더 좋은 것을 주시는 분이시다.

오늘보다 더 나은 내일을 바라보자.

오늘부터 기대를 습관화하자. 오늘은 어제보다, 이번 주는 지난주보다 더 좋아지고 있다. 이번 달은 지난달보다, 금년은 작년보다 더 좋아지고 있다.

지금 인생의 바닥을 치고 있는가? 더 이상 나빠질 수는 없는 것이다. 오늘보다 내일은 반드시 나아질 것이다.

넘치는 기대를 가지게 되면 기대한 만큼 받게 된다. 기대의 차이가 운명의 차이를 만들어내는 것이다. 오늘부터는 성공과 축복의 삶을 기대하자. 기대한 대로 우리의 인생은 열릴 것이다.

아직 체험해보지 못한 위험한 미지의 분야에 발을 들여놓기 위해서는 많은 용기가 필요하다. 누구나 처음에는 불안한 생각이 들고 명확한 확신을 가질 수는 없다. 하지만 도전하고 노력하는 순간에 지혜가 떠오르고 여러 가지 대처 방법이 떠오르고, 그 결과 어려운 문제나 불가능하다고 생각되었던 일도 뜻밖에 간단하고 쉽게 해결되는 것이다.

어떤 일에 도전할 때는 할 수 없다는 이유를 찾을 것이 아니라 실천 가능한 방법을 찾아야 한다. 이 세상에 불가능한 일은 존재하지 않는다. 모든 일은 실현 가능하다. 불가능하다고 믿는 사람들이 존재하기 때문에 현실적으로 불가능한 일이 발생하는 것이다.

인생은 자기가 믿는 대로 전개된다는 것을 잊어서는 안 된다. 사람은 강력한 소망이 있을 때 불가능을 가능케 하는 힘이 있다.

생각의 관점을 바꾸어야 새로운 길이 열리기 시작한다.

우리의 마음에 있는 생각은 창조력을 가진 매체이다. 마음속으로 하는 말이나 생각은 반드시 현실 세계에 나타나게 되어 있다. 지금부터는 자신의 행복을 스스로 생각하며 살아가야 한다.

우리는 그 누구도 밟아본 적 없는 '미래'라는 미지의 세계를 향해 걸어가고 있는 여행자다. 미래를 예측할 수 없기에 가슴 한구석에 불안감을 숙명처럼 안고 살아 갈 수밖에 없다.

한평생 살아가면서 한 번도 자신의 미래에 대해서 불안감을 느껴본 적이 없는 사람은 없을 것이다.

세상의 일들은 대부분 긍정적인 면과 부정적인 면을 동시에 지니고 있다. 긍정적인 면을 바라보려고 의도적으로 노력하고, 긍정적인 생각을 하고, 긍정적인 말을 해야 한다.

사람들은 생각한 대로 말을 하게 되어 있다. 그리고 대화를 몇 마디 나누다 보면 그 사람이 어떠한 사람이라는 것을 알 수 있다.

만나면 기분이 좋은 사람이 있는가 하면, 정말 만나면 이상한 말만 해서 좋은 분위기도 나쁘게 만드는 사람이 있다.

남을 살리는 말, 격려하고 위로하며 칭찬하는 사람들은 생각이 아주 긍정적인 것을 보게 된다.

평생을 살아가면서 만남이란 아주 중요하다. 그리고 누구를 만나서 어떤 말을 듣느냐에 따라서 인생이 확 바뀔 수 있다.

꿈을 향해 걸어가다 보면 넘어지기도 하고, 사람들로 인해 많은 상처를 받을 수 있다. 따라서 용기를 주고 다듬어주는 그러한 사람을 만나면서 살아가면 행복해진다.

우리의 미래는 생각대로 열린다.

행복은 먼 곳에 있지 않고 나와 가장 가까운 곳에 있다. 내 마음에 따라 행복해질 수 있다.

진정한 행복은 상대방을 이해하고 서로 배려해줄 때 예쁜 나비처럼 마음속에 날아든다. 소소한 일상에서 감사하는 마음을 갖는다면 그것이 바로 행복이다.

성공하는 인생을 살고 싶다면 돈보다도 행복을 좇아야 한다. 성공했다고 해서 반드시 행복한 것은 아니다.

행복은 마음에 달려 있다. 행복은 누가 줄 수 있는 것이 절대로 아니다. 꽃을 가꾸듯이 나의 행복을 정성껏 가꾸어 나가야 한다.

행복의 꽃은 아름답게 꽃을 피우고 풍성한 열매를 거두게 만들어준다. 항상 감사로 사는 사람만이 행복한 미래가 열리게 된다.

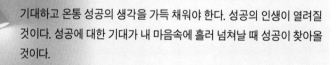

기대하고 온통 성공의 생각을 가득 채워야 한다. 성공의 인생이 열려질 것이다. 성공에 대한 기대가 내 마음속에 흘러 넘쳐날 때 성공이 찾아올 것이다.

5장

오직 나만의
꿈의 명작을 그리자

(01)
오직 나만의 꿈의 명작을 그리자

많은 사람들이 꿈을 꾸고 그 꿈을 이루기 위해 노력하고 있다. 그러나 그 꿈이 명확하지 않고 끝까지 도전하지 않기 때문에 삶에 지쳐서 너무나 힘든 삶을 살고 있는지도 모른다.

우리는 누구나 두 가지 세상에서 살고 있다.

하나는 냉혹하고 비인간적인 현실이며, 또 하나는 꿈과 환상의 세계이다.

냉혹한 현실만 경험한 사람은 아름다운 꿈을 믿지 않고 직접 보고 들은 것만 믿고 살아간다. 그러나 인생을 살아가는 데 꿈의 역할은 대단해 영혼을 촉촉이 적셔 주어 마음의 밭이 메마르지 않도록 가꾸어 주며, 의지보다 강해서 행동을 불러일으킨다. 이렇게 인생을 풍요롭게 만드는 꿈은 자신의 가슴속에서 싹터 자란 바로 '우리의' 꿈이어야 한다.

다른 사람들이 만들어낸 꿈은 자신의 꿈이 아니다.

나만의 꿈을 현실로 옮기기 위해서는 자신만의 꿈을 꿀 수 있는 능력, 원대한 꿈을 지닐 수 있는 용기, 위기 속에서도 꿈을 포기하지 않는 끈기가 있어야 하며, 만일 이룰 수 있는 없는 꿈이라고 판단되면 과감히 포기할 줄도 알아야 한다.

그러나 꿈을 꾸고, 꿈을 이루고자 노력하는 사람만이 진정한 행복을 얻을 수 있다.

인생의 길을 살필 때 가장 중요한 것이 '나다움'이다. '나는 누구인가?'에 대한 질문을 끊임없이 질문을 던짐으로써 누구에게도 휘둘리지 않는 온전한 나를 찾아 나답게 살아가야 한다.

중국 전국시대 조나라의 도읍인 한단에 살고 있는 사람들이 걸음걸이는 멋이 있었다.

북쪽 연나라에 살고 있는 한 청년은 한단 사람의 걸음걸이를 배워오면 연나라에서 유명해질 수 있다고 생각하고 배웠지만 쉽게 배워지지도 않았고 자신의 본래의 걸음걸이도 잊어버리고 말았다. 결국 그는 양쪽 팔다리로 기어서 연나라로 돌아왔다.

자기의 본분을 잊고 함부로 남을 흉내 내다가 자신이 지녔던 것까지 다 잃는다는 고사에서 한단지보라는 사자성어가 유래했다.

남의 것을 따라 하다 보면 자신이 가지고 있는 고유한 성질까지 잃어버리는 것이다.

우리는 독자적인 인생을 설계하는 성숙한 인간이 되어야 한다. 그리고 우리 사회가 원하는 사람은 비판 정신과 자유정신으로 독자적인 인생을 설계하는 성숙한 인간이다. 아울러 행복을 그냥 기다리지 않고, 아무리 힘든 일도 혼자 힘으로 해보려는 적극적인 사람, 사소한 일상의 행복도 그냥 지나치지 않는 사람, 자신을 위해 끊임없이 시간과 노력을 투자하여 행복을 쌓아가는 사람들이다.

그리하여 우리는 항상 미래를 준비하며 끈기 있게 지속해나가야 한다.

매일 매일 땀을 흘리지 않고는 행복이 올 수 없다. 다른 사람이 살수 있는 자신만의 인생을 찾아서 노력하고 성숙한 자세로 그 계획을 현실화시켜 나가면 행복은 반드시 찾아 올 것이다.

〈당신은 드림워커입니까?〉의 저자 권동희는 자신만의 스토리로 세상에 우뚝 선 사람이다.

대부분의 사람들은 대학 졸업 후에 취업을 하거나 유학을 가면서 스펙을 쌓고 있지만 그녀는 취업을 한 뒤 유학을 거쳐 다시 대학에 들어갔다. 실력보다 스펙만 쌓는 세상이 된 것을 실감하고 성공한 사람들의 책을 끊임없이 읽으며 자신만의 목표를 달성했던 것이다. 그리고 마침내 자신의 경험을 책으로 출간했다.

우리는 있는 그대로 자신의 모습을 진정으로 사랑해야 한다. 하다 못해 단점까지 현재의 모습을 사랑하고 남과 비교하지 말고 그대로 만족해야 한다.

누군가를 흉내 내서 따라 하려고 하지 말고 자신만의 독특함과 창조성을 가지고 최선을 다해서 살아가야 한다. 남들이 그들의 잣대로 비난하거나 비웃어도 자신감을 잃을 필요가 없다.

하나님은 한 사람, 한 사람을 독특한 존재로 만드셨기에 성향이 남과 다르다고 기죽을 이유가 없다. 따라서 다른 누군가의 틀에 맞춰야 한다는 강박관념에 빠질 필요도 없고, 남이 나의 생각과 다르다고 화도 내서도 안 된다.

물론 남이 가진 육체적, 정서적, 지적 특징이 자신에게 없다고 자신감을 잃을 필요도 없다. 다만 남과 나의 차이를 인정하고 때로는 배우고, 변할 수는 있다. 보완할 것은 보완하고 도움은 받아서 살아갈 때 상상할 수 없는 놀라운 복을 받고, 찬란한 꿈을 이루게 되며, 성공의 삶을 살게 될 것이다.

그러나 무작정 열심히 하는 것이 아니라 꿈과 열정을 가지고 목표를 향해 달려가야 한다. 남들과 똑같이 하면 남보다 앞설 수가 없다. 무엇인가 남보다 뛰어나야만 남다른 삶을 살 수 있다.

직장인이라면 언제 무슨 일을 만나게 될지 모르기 때문에 퇴직한 다음이 아니라 회사에 몸을 담고 있을 때 미래를 준비해야 한다.

항상 목표를 세우기 전에 자신이 무엇을 원하는지, 무엇을 잘하는지 생각해야 한다. 그리하여 자신만의 독창성을 살려 브랜드 가치를 높여야 하며, 이럴 때 인생이 멋지게 달라질 것이다.

돈을 벌면서 동시에 자신의 존재감도 드러내 자부심을 느끼게 해주는 일, 바로 자신의 천직을 찾아 평생 좋아하는 직업을 가져야 한다.

자신이 잘할 수 있는 것을 남들이 하기 전에 먼저 하지 않고, 많은 사람들이 하는 것을 하게 되면 늘 뒤쫓아 가는 삶을 살 수밖에 없다.

일의 목적과 본질을 파악하기 위해 노력을 해야 하고, 무슨 일을 하든지 생각하면서 해야 한다.

핵심 경쟁력을 갖추어 살아가는 사람만이 성공할 수 있다. 자신이 원하고 가장 잘하는 것을 계발해야 하며 꿈을 가지고 도전하여 미래를 대비해야 한다.

나만의 꿈을 현실로 옮기기 위해서는 자신만의 꿈을 꿀 수 있는 능력, 원대한 꿈을 지닐 수 있는 용기, 위기 속에서도 꿈을 포기하지 않는 끈기가 있어야 하며, 만일 이룰 수 있는 없는 꿈이라고 판단되면 과감히 포기할 줄도 알아야 한다.

02
자신만의 인간관계를 구축하자

경험은 인간이 생활하고 일하는 중에 얻게 되는 지혜와 사상의 결정체이며, 몸소 겪은 인생의 소중한 재산이다. 따라서 많은 사람들은 경험이 많은 것을 자랑스럽게 생각한다. 그러나 실제로 단지 '풍부한 경험'에 따라 문제를 해결하려고 하면 어떤 경우에는 경험이 오히려 독이 될 수도 있다. 새로운 상황이 앞에 놓여 있는데도 단지 지난 경험 때문에 그것을 깨닫지 못하고 그저 경험대로 행동하는 경우가 많기 때문이다. 따라서 지난 경험에 맹목적으로 갇혀 있다면 성공의 서광을 볼 수 없다.

어떤 문제를 만났을 때는 먼저 자신이 가진 경험을 통해 왜 그런 문제가 생겼는지 고민해보아야 한다.

경험을 깨뜨려 더 실용적이고, 합리적인 방법을 모색할 수 있다.

자신의 꿈을 상상하고 지식과 지혜를 통해 경험을 쌓아가다 보면,

자기 결정력이 생긴다. 그리고 학습과 경험을 통해 직관과 확신을 갖게 된다. 직관과 확신으로 스스로 인생의 주체로 나서게 되면 성공의 기회를 가져올 수 있게 된다.

우리가 살면서 '어떤 사람을 만나야 하는가.'는 매우 중요한 문제이다. 하지만 그 사람을 만났을 때 '어떻게 행동해야 하는가.'는 더욱 중요하다.

모두가 존경하는 사람과 아무리 가깝게 지낸다고 해도 진심으로 그를 배려하고 기쁨을 주고 싶은 마음이 없으면 진정한 인간관계는 이루어지지 않는다.

상대방을 배려하는 마음이야말로 인간관계의 기본이다.

20년 전부터 아주 가깝게 지내는 소망교회권사 한 분이 계신다. 이분은 버스 속에서 앞뒤에 앉아 있다가 서로 대화를 나누다 알게 되었다. 그 후로 가끔씩 만나 식사도 하고, 음악회도 가기도 하며 지내왔다. 집안에 경조사가 있을 때도 서로 오가며, 어떤 친구나 친척보다도 더 가까운 사이가 되었다.

상대가 원하는 것을 미리 알고 항상 배려하는 마음이 있기에 같이 있으면 너무나 즐거운 시간이 된다. 서로 바빠서 자주 만나지는 못해도 카톡으로 안부를 주고받으며 오늘도 그리워하며 축복의 만남을 주신 하나님께 감사를 드린다.

우리 모두는 타인에 대한 세심한 배려가 몸에 배어 있을 때 모든 사람에게 사랑을 받게 된다.

사람과의 관계는 꽃을 키우듯이 정성을 기울여야 한다. 물이나 영양분도 주지 않고 가꾸지도 않으면서 향기롭고 아름다운 꽃을 기대해서는 안 된다.

인연을 소중히 여겨야 진정한 인간관계를 해나갈 수 있다.

좋은 사람을 옆에 두려면 내가 먼저 좋은 사람이 되어야 한다. 상대방에게 변함없이 정성을 기울이고 마음을 주어야 한다. 수만 명의 시스템을 구축했어도 소홀히 여기거나 일회용으로 생각한다면 그저 내 인생에 지나가는 행인에 불과하다. 인간관계의 기본만 잘 지켜도 사업이나 직장에서 인맥을 많이 만들 수 있다.

우리는 작은 인연도 소중히 여기는 습관을 가져야 한다.

"소인은 연분을 만나도 연분인지 모르고, 범인은 연분인지 알지만 연분을 살리지 못하며, 대인은 소매를 스치는 작은 인연도 살린다."고 했다.

인맥은 무엇보다 소중한 재산이기에 사소한 만남조차 중요하게 생각해야 한다.

돈은 귀중한 자산이 되지만, 이 세상은 돈으로도 살 수 없는 '인간의 가치'가 있는 법이다. 인간의 가치란 그 사람의 '인격'이다. '그 사람이면 틀림없다.'라고 믿게 하는 인격적인 매력이야말로 인간이 지닐 수 있는 진정한 가치인 것이다.

공자는 '어떤 사람에게든지 그 사람 나름대로 각자가 가지고 있는 천분이 있다.'라고 하며 개인적인 존엄성을 가르치고 있다.

나를 겸허하게 하고 주변의 말에 귀를 기울여 보면 우리의 스승은 도처에 널려 있다. 남녀노소를 불문하고 모든 사람들에게서 배울 것이 많이 있다.

아울러 나 자신이 누구인지보다 누구를 알고 있느냐가 더 중요하다. 하버드대 벨 연구소의 톱 연구원을 대상으로 인간관계가 한 사람의 성공에 어떠한 역할을 하는지 조사했다. 그 결과 인맥이 아주 중요한 것으로 드러났다.

집안 배경에 기대 성공한 사람이 5퍼센트, 전문적 능력에 기대 성공한 사람이 26퍼센트, 인간관계에 기대 성공한 사람이 무려 69퍼센트로 나타난 것이다.

하버드대 자체를 인맥 형성을 위한 하나의 훈련 캠프라 할 정도이며 신입생이 입학하면 아주 방대하고 긴밀한 동문 네트워크를 제공한다. 동문의 대부분은 학교에서 엄선한 세계 일류 성공인사다.

과외 스터디나 동문회, 방학 중 인턴십 등의 방식을 통해 서로 소통하고 교류할 계기를 마련해주기도 한다. 그리하여 수만 명의 성공한 동문을 보유하는 것이 되며, 성공 경험을 나누고 인턴으로 일할 기회를 얻게 되는 등 동문들이 제공하는 여러 가지 혜택을 누릴 수도 있다.

완벽한 자아실현을 원한다면 자신의 커뮤니티 구축이 반드시 필요하다. 인간관계가 좋을수록 인맥은 넓어지고, 하는 일이 훨씬 수월해지며, 좀 더 쉽게 재산과 명예와 성공을 향해 나아갈 수가 있다.

여러분도 지금 무슨 일에 종사하고 있든지 자신만의 인간관계를 구축해야 한다.

적극적으로 사람을 사귀고, 선택과 집중을 하자. 자신만의 커뮤니티를 구축한 후에는 자주 연락을 주고받아야 한다.

통신 도구가 발달한 요즘, 휴대전화 문자 메시지나 메신저, 이메일 등 많은 것들을 사용하면 된다.

학력, 재산, 배경, 기회 등 당신이 가지지 않았다 할지라도 이러한 친구들을 두고 있다면 여러분도 서서히 이모든 것을 갖게 될 것이다. 친구가 많은 사람이 가장 강한 사람이다. 그런 사람은 원한이나 질투를 하는 사람이 별로 없기 때문에 다른 사람들보다 순조롭게 성공한다.

성공은 주변 사람들의 호의와 애정과 선의가 뒷받침되어야만 이루어진다. 그리고 덕망을 무기로 삼고 있는 사람은 성공 가능성도 높다. 따라서 우리는 겸손하면서도 당당한 태도, 비굴하지 않으면서도 상대를 높여주어야 한다. 우아하면서도 잘난 체하지 않는 말씨, 단정한 옷차림 등으로 예의 바른 생활을 해야 한다.

그리고 예부터 '신용으로 천하를 누빌 수 있다.'라는 말이 있다. 신용이 있으면 어디를 가든지 환영을 받고, 다른 사람의 도움을 받을 수 있다. 이로써 당신의 인맥은 갈수록 좋아지고 당신의 성과는 커질 것이다.

《명품 인생 만들기》의 저자 오리슨 스웨트 마든은 다음과 같은 말을 했다.

"성공하려면 신용을 자신의 인생에서 가장 중요한 가치로 삼아 타인에게 끊임없이 당신이 믿을 만한 사람임을 증명하십시오. 사람들이 당신을 믿어야 당신의 관점과 생각 또는 제품을 믿게 됩니다. 신용을 얻으면 더 많은 파트너 그리고 자신의 재능을 펼칠 더 많은 기회를 얻게 될 것입니다."

항상 진실해야 하며, 내가 한번 한 말은 반드시 실천에 옮기도록 해야 한다. 그리고 작은 일에 대한 신용을 중요하게 생각해야 한다.

신용을 얻으려면 작은 일부터 조금씩 시작하자.

신용은 일종의 장기투자다. 높은 효율의 인맥을 가져다주어 더 나은 나를 만들어줄 것이다.

인간관계 구축은 자원을 개척하는 것과 같다. 이 세상에 친구가 한 명도 필요하지 않은 사람은 없다. 자신이 아는 범위, 할 수 있는 일에는 한계가 있다. 그러므로 어느 한순간에는 다른 누군가의 도움이 절실하게 필요할 수밖에 없다.

자라서 외롭고 지칠 때는 두말 할 것도 없다.

여러분은 자신에게 구체적으로 어떤 인간관계가 필요한지 정확하게 알고 있는지, 현재의 친구관계는 충분히 만족스러운지 파악해야 한다.

인간관계는 때로는 전문지식이나 기술보다도 더 큰 힘을 발휘한다. 지금부터라도 인간관계를 더 넓게 개척해 나가야 한다.

지식과 경험을 토대로 자신만의 인간관계를 구축해야 한다.

03
내 인생의 주인공은 나다

사람들은 자신이 원하는 인생을 살기 원하고, 하고 싶고, 원하는 것이 있어도 남에 의해 포기하는 경우가 많이 있다. 그 원인은 부모가 될 수도 있고, 친구나 스승이 될 수도 있다.

나는 진짜 내가 원하는 인생을 살아가고 있는가?

부모라고 해도 내 인생을 대신 살아줄 수는 없다. 아무도 내 인생을 대신 살아 주지 못한다. 그럼에도 불구하고 많은 사람들이 어쩔 수 없이 가족이나 남의 눈치를 보거나, 남에 의해 끌려가는 인생을 사는 것이다. 그러한 삶을 살다가 삶을 마감할 때 자신을 돌아보며 후회하는 사람들이 많이 있다.

내 인생만큼은 그 누구의 것도 아닌 바로 내 것이다. 따라서 누구를 위해 일하는 것이 아니라 나 자신을 위해 일해야 하는 것이다. 당연히 내가 주인으로 살아가야 하는 것이다. 그럼에도 불구하고 많은 사람들은 어리석게도 손님처럼 살아간다. 그렇다면 나는 내 인생의 주인일까, 손님일까?

인생은 단 한 번뿐인 축제다. 그리고 그 축제의 주인은 바로 나 자신이다. 이런 축제를 벌이다 보면 번거로운 일도 생기게 마련이다. 그렇다고 해서 주변을 두리번거리거나 무슨 일을 할까 말까 망설일 필요는 없다.

주인 의식을 가져야만 누가 뭐라 하든지 간에 인생을 내가 원하는 대로 살 수 있다. 따라서 일상생활에서는 물론이고 직장에서도 주인 의식을 갖고 일해야 한다.

"나야말로 내 운명의 지배자이며 내 영혼의 선장이다."

영국의 시인 헨리가 쓴 이 시는 모든 사람에게 공통되는 진리를 담고 있다.

우리는 스스로 운명과 영혼을 지배하는데, 이는 자신만이 자기의 사고를 조절할 수 있기 때문이다. 운명의 주인인 여러분은 성공을 위한 마음의 준비가 충분히 되어있어야 한다.

인간은 누구나 태어나고 자라온 환경이 다르다. 개개인마다 독특한 개성을 가지고 있고, 처해 있는 상황도 각기 다르다. 경제적인 문제나, 모든 면에서 다른 사람과 비교하면 열등의식에 빠지기도 하며 때로는 우월감에 젖어 오만해지기도 쉽다. 각자 자기의 인생을 살아가는 것이다.

따라서 다른 사람과 비교하여 한탄하며 절망에 빠져서는 안 된다.

중대사를 결정할 때, 주체성이 없는 사람은 자신의 주관과 판단에 의해서 하지 못하고 남들의 기준이나 권유에 따르기 쉽다.

나 자신을 중심으로 생각하고 행동해야 한다. 다른 사람들의 비위를 맞추거나 다른 사람들이 생각하는 인간이 될 필요는 없다. 늘 다른 사람의 비위를 맞추거나 무엇이든지 남의 의견을 따르려고 애쓰는 것보다는 차라리 성실하게 자기 일을 해나가는 것이 훨씬 낫다.

끊임없이 인정해주고 사랑해야 하는 것은 다른 사람이 아니라 바로 나 자신이다. 자기 자신에게 정직하지 않고, 자신을 존중하지 않고는 자부심이 생길 수 없다. 자부심이 없이는 어떠한 성공도, 행복도 가져올 수 없다.

남이 나를 인정하기 전에 자신이 먼저 자신을 소중하고 귀하게 여겨야 한다.

남의 시선에 너무 신경 쓰면서 살아가면, 남들의 생각에 지나치게 수용적이 되게 된다. 그렇게 하면 자신의 결정과 행동, 나아가 삶 전체가 휘둘릴 수 있다. 인생을 온전히 자신의 뜻대로 주재하고 싶다면, 자신이 판단하고 선택한 그 길을 곧장 가면 된다. 그 길에 대해 남들이 어떻게 생각하는지 신경 쓸 필요가 없다.

우리는 다른 누군가의 기대에 부응하기 위한 것이 아니라 자신을 위해서 살아가는 것이다. 세상에서도 바로 그런 사람만이 가장 자기다운 찬란한 빛을 비추면서 살아간다.

모든 사람이 여러분의 선택을 존중하거나 만족할 수는 없다. 따라서 사람들의 오해와 비난에 대해서 너무 귀 기울일 필요도 없다.

단테의 말을 상기하자.

"자기 자신의 길을 가라, 남들이 뭐라 하든!"

이 말대로 좌우명으로 삼고 살아가면 된다.

여러분이 세상의 주인공이 되어야 한다. 우리 모두는 시대의 변화를 좇아가는 것이 아니라 앞서서 주도해 나아가는 사람이 되어야 한다. 역사의 중심에 서서 새로운 시대의 주인공으로 살아가야 한다.

내 인생 연극 무대의 주인공은 나 자신이다. 주인공 역할은 누가 대신해 줄 수 없다. 대역을 쓸 수도 있지만, 그것은 대역의 삶이지 자신의 것이 아니다. 그러니 스스로 인생의 대본을 쓰고 완성해야 한다. 밤하늘에 빛나는 별들도 각자의 색과 방향이 있는 것처럼 사람들도 저마다 다른 세계를 살아가고 있다.

자신의 인생을 거부하지 않고 자신에게 맞는 생활 방식을 찾는 것은 매우 중요하다. 따라서 다른 사람들과 보폭을 맞추고, 똑같은 선택을 하고, 똑같은 결과를 얻으려고 하지 말아야 한다.

모든 노래에는 각각 다른 악보가 있게 마련이다. 자신에게 맞는 노래를 들으면 된다. 각자의 세계에서 자신이 좋아하는 음악에 맞춰 마음 가는 대로 걸어가 보자.

사람들은 마음속에 모두 '행복의 키'를 가지고 있지만, 자신도 모르는 사이에 그 키를 다른 사람에게 넘기고 만다. 그러나 성숙한 사람은 행복의 키를 잘 관리한다. 이들은 다른 사람에게서 행복을 구하려 하지 않고, 그들에게 오히려 행복을 나누어준다.

지금 여러분은 인생이라는 자동차를 운전하고 있다. 인생 자동차는 자신을 위해 운전하지 않으면 낭떠러지로 추락한다. 자신을 위해 하루하루 최선을 다할 때만이 꿈이라는 목적지에 도달할 수 있는 것이다.

운전석에 앉아 있는 사람은 바로 여러분이므로, 다른 누구도 여러분을 길 밖으로 밀어낼 수 없다.

스스로의 선택을 장악하면 기적적인 일이 벌어진다. 책임과 의무를 부정하면 인생의 열쇠를 남에게 쥐어 주게 된다. 즉 인생의 운전석을 남에게 내주는 것이다.

책임을 진다는 것은 인생의 운전석에 앉는 첫발을 내딛는 것이다. 여러분의 운전대는 여러분의 인생에서 가장 강력한 통제력을 발휘한다.

지금까지 여러분은 남의 눈치를 보며 수많은 세월을 망설이고 살아오지 않았는가? 그래서 자신의 운전대를 남에게 저당잡히지는 않았는지 돌아보아야만 한다.

내가 살고 싶은 인생보다는 가족이 우선인 인생을 살아온 것이다. 언제까지 가족과 남의 눈치를 보면서 살아갈 것인가? 내 인생의 운전대를 가족에게 맡기지 말고 내가 운전해야 한다.

자신이 삶의 주인이기 때문에 타인의 삶을 사는 것이 아니라 나를 위한 삶을 살아야 한다.

내 인생의 주인공은 남이 아닌 바로 나다.

더 이상 남의 인생을 살아서는 안 된다.

이제는 내 인생을 살아가야 한다.

내 인생 연극 무대의 주인공은 나 자신이다. 주인공 역할은 누가 대신해 줄 수 없다. 대역을 쓸 수도 있지만, 그것은 대역의 삶이지 자신의 것이 아니다. 그러니 스스로 인생의 대본을 쓰고 완성해야 한다.

04
나는 내 생각보다 훨씬 위대한 사람이다

인생을 살다 보면 자신의 계획대로 꿈을 이루면서 성공하고 행복한 삶을 살 수도 있지만 그렇지 못할 때도 많다. 내 마음대로 할 수 없는 것이 인생이다. 그리하여 사람들은 애기하고는 한다.

"내가 꿈꾸던 삶은 이게 아닌데.", "내 계획은 이런 것이 아니었어."

그러나 일이 자신의 뜻대로 풀리지 않아도, 혹 실패를 했거나 인생 밑바닥에서 절망에 처해 있다 할지라도 우리는 꼭 기억해야 할 것이 있다.

그래도 "나는 소중한 사람이다."

현재의 상황이 좀 어렵다 해도 본래의 가치는 변함이 없다. 세상은 여러분을 자신들의 잣대로 재면서 평가 절하할 수도 있다.

"너 같은 주제에!"

이 말은 틀린 말이다.

하나님은 여러분을 최고의 걸작으로 창조하셨고, 여러분에게 행복한 인생을 살도록 해주셨다. 따라서 자신이 소중한 존재인 것을 깨닫고 행복을 누리면서 살아가야 한다.

소아마비로 장애인이 된 루스벨트 대통령은 "누구도 당신의 동의를 구하지 않고 당신을 열등하게 느끼도록 만들 수 없다."라고 말했다.

많은 사람이 아무것도 이루지 못한 채 평범한 삶을 살아가는 것은 자신의 능력을 저평가하고, 아무런 포부 없이 필요 이상으로 자신을 비하하기 때문이다.

'자신감은 최고의 성공 비결이다.'

자신감은 곧 자신이 가장 뛰어나다고 믿는, 자신에 대한 믿음이자 확신이다.

사실 사람은 모두 뛰어난 존재다. 다만 자신을 어떻게 인식하고, 어떻게 능력을 발휘하여 자신을 쓰임새 있게 만드느냐의 차이가 있을 뿐이다. 자신을 보석이라 생각하면 정말 보석이 되는 것이다.

정신이 굳건해야 진짜 강한 사람이고, 자신감이 있어야 진짜 뛰어난 사람이 될 수 있다. 우리도 자신감 있는 삶의 태도를 가지고, 모든 기회에 담대하게 도전해야 한다.

내가 어떤 사람인지 장차 어떤 사람이 될 것인지, 또 어디쯤 가고 있는지를 깊이 생각하며 행동하며 나아가자.

대부분의 사람들은 부질없이 바쁘게만 시간을 보내다 결국 평범한 일생을 보내고 만다.

현재의 상황을 바꾸고 싶다면 자신부터 돌아볼 필요가 있다. 스스로 설정해놓은 한계에서 벗어나야 하며, 다른 사람들이 만들어놓은 틀에서도 벗어나 자신에게 끊임없이 도전해야 한다.

수동적으로 시키는 일만 하던 시대는 지났다. 스스로 성장하고 폭을 넓혀가야 한다. 모든 사람은 잠재력이란 보물을 지니고 있다. 이 보물을 발굴한다면 자신도 깜짝 놀랄 만한 힘을 발견하게 될 것이다.

사람은 누구나 원석을 가지고 있다.

우리 모두는 원석으로 무궁무진한 잠재력을 가지고 있는 예비 다이아몬드다.

에디슨은 사람의 잠재력에 대해서 이렇게 말했다.

"사람이 감추고 있는 잠재력은 무궁무진합니다. 한 사람이 어떤 일을 감당할 수 있을지는 아무도 모르지요. 직접 시도해보지 않으면 어떤 능력을 얼마만큼 가졌는지 영원히 모르고 살아갈 수밖에 없습니다. 그러니 자기 자신을 믿으십시오. 그러면 극복하지 못할 일이 없습니다. '난 못 해, 안 돼, 방법이 없어, 안 통해, 절망적이야.'라고 말하며 뒷걸음치지 마십시오."

사실 우리는 우리가 알고 있는 것보다 훨씬 더 아름답고, 더 똑똑하고, 더 강하고 또 더 능력 있는 존재이다. 그러므로 우리가 잠재력의 족쇄를 풀어 제 힘을 발휘할 수 있도록 폭발력을 더한다면 얼마든지 더 큰일을 해낼 수 있다. 우리 안에 숨겨진 잠재력이라는 에너지는 그 크기를 가늠할 수 없을 만큼 막대한 것이다.

빌 게이츠는 특히 자기계발을 아주 중요하게 여겼는데, 그는 항상 자신이 할 수 있는 일을 반복하기보다는 해본 적이 없는 새로운 일을 시도했다.

이미 알고 있는 일을 그대로 답습하는 사람은 얼마 못 가 경쟁력을 잃는다고 생각했기에 그는 가능한 한 많은 일을 경험해보려고 노력했다. 설령 어떤 시도가 실패로 끝나더라도 시도해보지 않은 것보다는 훨씬 낫다는 것이 그의 지론이다.

세상에서 큰 성공을 거둔 위인들은 모두 다 "내 안에 내가 알지 못하는 능력이 많이 있다."라고 믿고 어떤 새로운 큰 꿈에 도전했던 사람들이었다.

여러분이 가진 꿈이 여러분 자신보다 더 큰 꿈인가? 여러분 스스로 힘으로 이룰 수 없다고 생각하고 있는가? 수천 번 포기하고 싶었는데 그래도 포기할 수 없었는가? 큰 꿈과 넘치는 믿음만 있으면 뜨거운 열정과 재능은 저절로 나타나게 되어 있다.

새로운 꿈을 가지고 도전할 시기가 왔다면, 익숙한 환경에서 떠나야 한다.

직장에 목숨을 거는 것이 아니라 새로운 길을 개척하며 새로운 환경에 도전하고 적응할 능력이 이미 있다는 것을 믿어야 한다.

여러분 속에는 선천적인 재능과 독특한 기질이 있음을 알아야 한다. 그것을 발견하고 끄집어내서 꿈을 품고 시도해보아야 한다.

무한한 가능성을 지닌 인간이 큰 꿈과 믿음을 가슴에 품고 자신의 생활에 최선을 다한다면 무슨 꿈이든 다 이룰 수 있다. 긍정적, 적극적, 진취적으로 행동하면 하지 못할 것이 없다.

여러분은 현재보다 훨씬 더 크고 위대한 사람이다. 시련이 크면 그만큼 더 크게 되라는 신의 선물로 생각하자. 자신을 늘 소중하게 생각하고 위대한 사람으로 여기고 살아가야 한다. 그러니 잊어서는 안 된다.

나라는 사람은 세상에 오직 하나만 존재하는, 위대한 사람이라는 것을.

비록 지금은 가치를 인정받지 못하지만 미래에는 최고의 가치를 인정받게 될 것이다.

안 되면 되게 하는 정신과 목표를 향한 강한 집념을 가지고 나아가야 한다. 끊임없이 하고 싶은 것, 되고 싶은 것, 갖고 싶은 것에 대한 꿈을 이루도록 하자.

인생에서 답은 하나로 정해져 있지 않다. 스스로 만들고 구하고 찾아야 한다. 현실만 바라보고 낙심하고 좌절할 것이 아니라 매사에 당당하고 자신 있게 꿈을 향해 나아가야 한다.

세상에서 큰 성공을 거둔 위인들은 모두 다 "내 안에 내가 알지 못하는 능력이 많이 있다."라고 믿고 어떠한 고통과 시련 속에서도 새로운 큰 꿈에 도전했던 사람들이었다.

꿈이 있는 사람만이 능력을 마음껏 발휘할 수 있다.

꿈이 없는 사람은 자기에게 주어진 능력을 제대로 발휘할 수 없다. 마음속에 꿈이 없는 사람은 꿈이 있는 사람에 비해 천 분의 일, 만 분의 일의 능력을 발휘하지 못한다. 하지만 꿈이 있는 사람은 현재의 자기능력의 수백, 수천 배를 발휘할 수 있게 된다.

꿈은 역경과 모진 세파를 이길 수 있는 큰 힘을 가지고 있다.

사실 우리는 우리가 알고 있는 것보다 훨씬 더 아름답고, 더 똑똑하고, 더 강하고 또 더 능력 있는 존재이다. 그러므로 우리가 잠재력의 족쇄를 풀어 제 힘을 발휘할 수 있도록 폭발력을 더한다면 얼마든지 더 큰일을 해낼 수 있다. 우리 안에 숨겨진 잠재력이라는 에너지는 그 크기를 가늠할 수 없을 만큼 막대한 것이다.

05
꿈은 주어지는 게 아니라
만들어 가는 것이다

인간은 목표를 추구하는 존재이다. 삶의 목표를 상실한다면 심리적으로 육체적으로 또 사회적으로 와해되어 죽어버리게 될 것이다. 목표가 없는 삶은 내일이라는 미지의 세계가 아무런 의미를 주지 못하게 된다. 단순한 시간일 뿐 그런 시간은 그의 인생을 죽음에 가까이 다가가게 할 뿐이다. 그러한 사람의 육체의 각 기관은 급속도로 쇠퇴하게 된다. 몸의 지체들이 활기차게 작용해야 할 이유를 상실했기 때문이다.

꿈을 잊어버리고 사는 사람은 하루 종일 피곤을 느끼며 살아간다. 꿈을 포기하면 모든 의욕을 잃어버리고 탈진 상태에 빠지게 되며 막가는 인생을 살게 된다.

그러므로 누구든지 성공적인 인생을 살기 위해서는 꿈을 가지고 구체적인 목표를 세워서 하나하나 만들어가야 한다. 사랑을 삶의 의

미라 할 수 있고 꿈은 삶의 추진력이라 할 수 있다. 만약 꿈이 없다면 생활의 탄력을 잃어버리게 될 것이다.

오늘 내가 하고 있는 일이 내일의 나를 행복하게 만들어준다. 오늘의 고통은 내가 품고 있는 꿈을 이루기 위해 겪어야 할 과정이다. 찬란한 성공의 내일을 맞이하기 위해 오늘 하루의 모든 일과가 내게는 의미가 있는 것이다.

필자 역시 꿈을 가지고 그 꿈들을 이루기 위해 넘치는 의욕을 가지고 열심히 일하고 있다. 생계만을 위해서 어쩔 수 없이 하는 일이라면 나도 벌써 지쳐서 쓰러졌을 것이다. 지금 하고 있는 일이 밤 근무이기 때문에 힘이 들고 어려워도 나에게는 꿈이 있기에 얼마든지 참고 견디어 나갈 수 있다. 평생을 살아오면서 일을 해왔으나 일의 노예로, 짐이라고 여기지 않고 일 자체를 즐거움으로 여기면서 살아온 것이 늘 감사할 뿐이다.

꿈을 가지면 에너지가 넘쳐나게 된다.

만약 여러분이 살아가면서 매사에 의욕이 없고, 왠지 모르게 짜증스럽고, 원망하는 마음과 삶의 의미가 없다고 생각이 든다면 꿈을 재확인해보아야 한다.

지하철을 타고 가다가 방향을 잊었으면 속히 노선표를 보고 재확인하는 것처럼, 엉뚱한 곳에 에너지를 낭비하고 있는지 목적을 재확인해야 한다.

그리고 꿈을 이루는 데는 준비 단계가 철저해야 한다.

꿈과 목표는 그것을 반드시 이루고 싶은 열망만큼의 절박함과 간절함이 있어야 한다.

늘 바쁘게 사는 것처럼 야단법석을 떠는데도 별 소득 없이 사는 사람들이 많다. 반면에 조용조용 여유롭게 일하면서도 알차게 살아가는 사람들도 있다.

우리는 각자 자신이 삶을 통제하며 데드라인을 조절해야 한다. 그렇지 못하면 데드라인이 우리의 삶을 통제하게 된다.

중요한 일을 뒤로 미루는 것은 실패한 사람들의 공통점이다.

내일 일을 오늘로 앞당겨 끝내는 것은 성공한 사람들의 특성인 것이다.

바쁘다고 아우성을 치면서 힘들게 일하는 것도 아닌데 남보다 더 많은 성과를 내는 사람들이 있다. 실패한 사람들이 하기 싫은 일을 미루고 엄두가 나지 않은 일에 두려움을 느끼지만, 그들은 강한 목적의식으로 이를 극복한다. 또한 해야 할 일이라면 어떻게든 거기서 좋은 점을 찾아내고, 당장 할 수 있는 일을 만들어낸다.

데드라인은 그 시간이 지나면 아무 소용이 없기 때문에 우리를 긴장시키고 죽을힘을 다해 뛰게 만든다. 그러므로 크고 작은 일에 마감 기한을 정하면, 우리 두뇌는 제시간에 그 일을 끝내기 위해 엔도르핀을 분비시켜 에너지를 동원하고 근육을 긴장시켜 한 가지 일에 몰두하게 만든다. 그동안 비축해둔 모든 정보와 지식들을 검색해서 우리가 원하는 해결책을 찾아내게 한다.

모든 삶에 종착역이 있듯이 모든 일에는 데드라인이 있다. 죽음을 의식하면서 사는 사람이 삶에 충실하듯, 데드라인을 염두에 두고 살아가야 성과를 높일 수 있다. 끝이라고 생각할 때 사람들이 무서운 힘을 발휘하게 된다.

우리는 꿈을 만들어 가기 위해 작은 일부터 하나씩 연습하자.

종료 데드라인과 개시 데드라인을 명확하게 정의할 필요가 있다. 또한 중요한 일은 데드라인을 공개하도록 하자.

언젠가 시작하겠다고 생각하면서 아직 시작도 못 하고 있는 일은 무엇인가? 그 일을 실행에 옮길 개시 데드라인은 언제이고 그 일을 끝마칠 종료 데드라인은 언제인가? 그동안 미적거리면서 뒤로 미루거나 제 시간에 끝내지 못하는 일들의 이유를 찾아보고, 실천하고 싶은 일의 데드라인을 정해보자.

꿈은 주어지는 게 아니라 만들어 가는 것이다. 그러려면 건강이 진짜 스펙이라 볼 수 있다.

2016년 우리나라 평균수명은 남자가 79.3세, 여자는 85.4세이다. 운동하면서 자신의 몸을 관리만 잘한다면 100세까지도 살 수 있다. 하지만 준비된 인생에게 100세는 축복이지만 준비되지 않은 인생에게 100세는 재앙에 불과하다.

따라서 내가 건강할 때 미리미리 건강을 돌보아야 한다. 일단 몸에 이상이 오고 나면 회복되기가 너무 힘들고, 많은 고통과 어려움이 따르며 경제적으로도 많은 부담이 된다. 또한 직장을 가지고 있을 때 나중에 후회하지 말고 꿈을 가지고 미래를 준비해야 한다.

올 가을 초, 선교회에서 1박 2일로 강원도 속초를 다녀왔다.
'쉼과 채움'이라는 주제로 하는 수련회였는데 매우 유익한 시간이
었다. 지치고 피곤했던 몸과 마음을 쉬어주고 바닷가에서 물놀이를
하니 모든 스트레스가 다 풀리는 것 같았다. 영적으로 채우고 마음
을 새롭게 하며 꿈을 향해 달려 나갈 수 있는 에너지로 채워지니 다
시 2019년도의 수련회가 기다려진다.

우리도 바쁜 시간을 뒤로 하고 조용한 시간을 내서 지나온 길을
되돌아보며 미래를 계획해보는 것이 꼭 필요하다.

자신의 미래를 준비하는 가장 좋은 방법은 바로 자신이 원하고 좋
아하는 것을 계발하는 것이다.

우리는 자신의 의식 채널을 어디에 맞추느냐에 따라서 운명도 바
꿀 수 있다. 무엇이 안 된다고 생각하기보다 지금 내가 할 수 있는
일을 찾아내서 해야 한다.

조금씩 꿈에 가까워질 수 있도록 의식 채널을 변화시키는 것이 필
요하다. 현실에 쫓겨 꿈을 잃어버린 사람은 절대로 성공할 수 없다.

꿈은 자신이 만들어가야만 한다. 우리의 인생을 바꿔줄 드림리스
트와 드림보드를 만들자.

날마다 상상하며 외치면서 나아갈 때 우리의 아름다운 미래는 펼
쳐질 것이며 행복한 삶을 살게 될 것이다.

(06)
꿈이 있는 청춘은 눈부시게 아름답다

청춘은 한순간이며, 아름다운 꽃이다. 그러나 사랑은 세계를 얻는 보석
이다.

— 유진 글래드스턴 오닐

이 글을 읽고 있는 여러분은 혹시 청춘의 푸른 꿈을 꾸며 소중한
시기를 보내고 있는가? 성공의 꿈을 꾸고 그것을 이루기 위해 열정
을 쏟아 붓고 있는가?

20~30대의 청춘을 보면 눈부시다.

"꽃보다 아름다운 것이 사람이다."라는 말이 있다.

그러나 아름다운 꽃은 얼마 지나지 않아 시들고 지듯이 꽃다운 혈
기 왕성한 청춘의 시간도 빠르게 지나간다. 하물며 청춘 시기의 소
중함은 이루 말할 수 없다.

이 시기에 미래를 준비하며 후회하지 않을 비전을 세우지 않으면 안 된다. 사랑의 비전을 세우고 다른 사람들을 섬기고 도우며 살아간다면 우리의 삶이 풍요로워질 것이다.

우리의 삶은 행복하게 된다. 절대로 시간을 낭비하지 말고 사랑의 꿈을 꾸고 열정을 다해 실현해야 한다.

청춘은 '불확실성 속에서 미래를 준비하는 시기다.' 찬란한 미래를 그림으로써 가장 화려하지만, 불확실성 속에 있을 수밖에 없다. 그러므로 이제부터는 홀로 서기를 연습해나가야 한다. 아직 내가 누구인지, 무엇을 목표로 하는지, 어디로 가야 하는지, 확신이 서지 않더라도 다양한 도전을 계속해야 한다.

친구들은 승승장구하고 있는데, 자신만 허비하는 것 같은 나날을 보내고 있는가? 잊어서는 안 된다.

여러분이 꽃을 피우는 시기는 따로 있다. 아직 그때가 되지 않았을 뿐이다.

나만의 계절을 준비하자. 나만의 계절이 오면 여느 꽃 못지않은 화려한 자태를 뽐내게 될 것이다.

살아 있는 시간 동안 사력을 다해 노력하지 않으면, 그냥저냥 시간만 흘려보내게 될 뿐이다. 이러한 이치를 빨리 깨닫지 못하면, 삶도 무력한 패배의 늪에서 벗어날 수 없다. 그러나 우리가 절대로 잊지 말아야 할 것은 우리 안에 품고 있는 꿈이 있다는 사실이다.

꿈이 있는 청춘은 자신에 대한 모든 의심의 목소리에 당당히 맞설 뿐 아니라, 그 모든 울분을 남들이 모르는 거름으로 만들어낸다. 아무도 동행해주지 않아도 자신이 가야만 하는 길을 끝까지 가고 만다. 남들이 비웃었던 그 꿈 때문에 여러분이 찬란하게 빛나는 날이 온다.

자기 자신을 이겨낸 사람은 인생의 어느 시점에서 하늘의 놀라운 선물을 받게 된다.

꿈을 향해 가는 청춘은 마냥 행복하고 즐겁다.

이 세상에서 가장 행복한 사람은 매우 즐겁고 행복하게 일하는 사람이다.

여러분의 미래는 여러분 손에 달려 있다. 미래를 자유롭게 디자인하고, 마음껏 리모델링하자. 행복을 성공으로 평가하지 말고 인생이라는 여행 전반을 즐기도록 하자. 행복 그 자체가 길인 것이다.

현재 주어진 일에 감사하고, 행복을 느끼면서 꿈이 이루어지는 과정을 즐기며 한 발 한 발 나아가는 일이다.

꿈이 있는 청춘만이 기회도 행운도 재빨리 자신의 것으로 만들 수 있다.

성공하는 사람은 뜻을 높게 가진 사람이요, 큰 사업을 성취하는 사람은 성실히 노력한 사람이다. 즉 인간은 어느 정도로 높은 꿈을 갖는가, 그리고 얼마만큼 노력하는가에 따라 자유자재로 자기의 인생을 조절할 수 있다.

자신의 지위는 스스로 잡아야 한다.

풍부한 상상력은 무한한 가능성을 가지고 있다. 꿈을 향해 나아가는 사람은 정신과 육체를 균형 있게 발전시켜야 한다. 정신적인 고통도 참을 수 없는 일이지만 육체적인 고통도 절망에 빠지게 한다.

꿈이 있는 사람에게는 선물이 주어진다. 어떤 위기에서도 절망하지 않고 정면으로 도전해서 희망과 기적을 가져오게 한다.

따라서 자신의 꿈과 신념을 끊임없이 추구하다 보면 반드시 기적은 현실로 된다. 인생을 재미있고 즐겁게 살기 위해서는 밥벌이를 위한 것이 아닌 꿈을 위한 삶을 살아야 한다. 꿈을 가지고 가슴 뛰는 삶을 살면 인생은 가치가 있고 즐거워진다.

꿈이 없는 사람은 아무리 열심히 일해도 가난을 벗어나기 어렵다. 그들은 하루 종일 뼈가 부서지도록 일을 해도 얼마 벌지 못한다. 성공하는 사람들은 하루 종일 일해서 돈을 벌지 않는다. 불과 한 시간 동안 일해서 수백만 원, 수천만 원을 벌기도 한다. 〈아트스피치〉의 김미경 원장, 〈공병호경영연구소〉의 공병호 소장 등이 있다. 그들이 이렇게 성공하기까지 자신들의 꿈을 포기하지 않고 끊임없이 도전하고 노력했던 사람들이다.

공병호 소장은 퇴직을 한 뒤 노후를 계획하는 것은 위험하다고 말했다.

준비를 하지 못한 은퇴생활은 암울한 인생 2막의 서막이라고 말한다. 스스로 변화하지 않고 미래를 기대하는 것만큼 어리석은 일은 없다. 노력하지 않고 행운을 기다리는 것과 똑같은 것이다.

지금부터 미래를 계획해야 한다. 꿈을 설정하고 끊임없이 실행에 옮겨야 한다. 그래서 오늘보다 더 나은 내일을 꿈꾸고 죽을힘을 다해 절실하게 노력해야 한다. 그것만이 진정한 살길인 것이다. 그렇게 할 때 죽을 만큼 힘은 들지만 미래가 눈부시게 바뀔 것이다.

사람들이 어렵고 힘들게 절망 가운데 살아가는 것은 꿈이 없기 때문이다. 꿈이 있는 청춘은 외롭지 않다. 꿈이 있기 때문에 시련과 역경 속에서도 뜨거운 열정으로 인해 성공의 꽃을 아름답게 피울 수 있다. 꿈이 있는 청춘은 눈부시게 아름다운 인생을 멋지게 살아갈 수 있다.

꿈이 있는 청춘은 자신에 대한 모든 의심의 목소리에 당당히 맞설 뿐 아니라, 그 모든 울분을 남들이 모르는 거름으로 만들어낸다. 아무도 동행해주지 않아도 자신이 가야만 하는 길을 끝까지 가고 만다.

07
미래는 기다리는 것이 아니라
창조하는 것이다

우리 주변에 모든 것은, 존재하기 전에 누군가가 먼저 그것을 생각한 것이다. 지금 자신이 어떤 것을 생각하고 있다는 것은 그것을 현실 속으로 끌어당기고 있다는 얘기이다.

어떤 것에 대해 생각하는 순간 그것을 끌어오기 위한 버퍼링은 시작된다. 지금 내가 무엇을 하고 있는가에 따라서 미래가 결정되는 것이다.

내가 가지고 있는 꿈을 실현하기 위해서 내가 원하고 바라는 것들의 이미지를 잘 보이는 곳에 붙이고, 지갑에 넣고 다니면서 자주 들여다보며 상상하면 아름다운 미래를 맞이할 수 있다. 바라는 목표가 있다면, 반복적으로 상상해야 한다.

지금의 자신도 바로 자신이 만들었다.

우리의 인생에 일어나는 모든 것은 우리가 마음속에 그린 것을 따라 만든 것에 지나지 않다. 마음에 두려움, 불안, 결핍 등의 부정적인 마음으로 가득차서 의기소침하고, 의심이 많고, 냉소적이라면 그와 똑같이 잠재의식에 새겨진다. 그리고 그 잠재의식에 새겨진 것은 괴로움과 궁핍함이다. 부정적이고 건강하지 못한 생각은 부정적인 현실이 되고 긍정적이고 건강한 생각은 자신의 꿈을 현실로 가져오게 된다.

우리의 의식을 우리의 꿈과 목표에 집중하자. 사람들은 누구나 스스로 자신의 인생 설계도를 그리고 있는 것이다. 우리 역시 새롭고 훌륭한 설계도를 만들어야 한다.

성공한 사람들은 부정적인 감정을 이기고 앞으로 나아갔기에 성공할 수 있었다.

이 시대는 어느 누구보다도 더 실험적이고, 치열하며, 열정적이고, 변화를 추구하는 사람을 원하고 있다.

우리의 미래를 창조하기 위해서, 멋지고 아름다운 미래를 펼쳐나가기 위해서는 지식과 지혜와 경험을 쌓지 않으면 안 된다. 과거의 사고방식과 행동양식에서 벗어나 새로운 것을 끊임없이 배우고 도전해야 한다. 날마다 변화하고 지속적으로 성장해야 살아남을 수 있다.

지혜는 경험을 통해서 얻어지며, 때로는 힘들고 어려운 시련과 역경을 통해서 성숙된다. 노력하는 삶은 충만한 인생을 사는 데 필수적인 요소이며, 성공의 결과로 부유하고 넉넉하게 살도록 해준다.

우리나라 직장인의 대부분은 불안하고 힘들게 하루하루를 살아가고 있다.

가정 살림을 제대로 꾸려나가고 노후를 대비하려면 지금보다 돈을 몇 배 더 벌어도 부족할 판인데 현실은 점점 더 어려워지고 있다.

전에는 집에서 살림할 사람과 결혼하고 여자는 남자만 잘 만나 결혼하면 된다고 생각했다. 하지만 지금 시대는 결혼 대상자도 맞벌이할 수 있는 사람들을 찾고 있다.

따라서 어렵고 힘든 세상을 살아가기 위해서는 구체적인 전략을 세우지 않으면 안 된다. 자신이 꿈꾸는 미래의 모습을 생생하게 그려야 한다.

처음보다 1퍼센트 높아진 꿈을 적고, 다음에는 2퍼센트로 올리고, 그렇게 100퍼센트까지 올린 후 꿈을 확정지어야 한다. 우리는 우리가 생각하는 것보다 훨씬 더 큰 꿈을 이룰 수 있는 능력을 가진 존재이기 때문이다.

인간의 두뇌는 어떤 터무니없는 정보라도 반복적으로 접하다 보면 나중에는 그 정보를 완전히 신뢰하게 된다. 그리고 그 꿈을 이룰 수 있는 액션플랜을 무차별적으로 쏟아놓게 한다. 따라서 우리가 구체적으로 꿈을 추구하면서 살아간다면 언젠가는 성공자의 자리에 올라서게 된다.

어떤 철학자는 말했다.

"인간의 고통은 문제 자체로 시작되는 게 아니라 문제에 대한 그들의 생각 때문에 발생한다."

같은 일이라도 시각을 바꾸면 세상이 전혀 달라 보이게 된다.

인간의 고통과 근심은 과거 자신이 겪은 경험에 근거한 잘못된 판단에서 비롯된 것이다. 현실에서 도피하지 말고 다른 각도로 자신을 바라볼 필요가 있다. 시선을 바꾸면 마음의 안정과 평화와 자유와 즐거움을 느낄 수 있다.

심리학자들이 높은 효율만 추구하는 도시의 생활리듬이 사람들을 피곤하게 한다고 주장했듯이 자신의 마음을 돌아볼 시간도 필요하다. 자신이 무엇을 원하는지도 모르는 채 삶의 목표와 의미를 찾아 헤매고 있지는 않은가?

빠른 것만을 좋아하며, 한시도 쉬지 않고 앞만 보고 내달리는 것을 잠시 멈추고 자신과 조용한 시간을 가져보자.

행복은 손이 닿지 않는 먼 곳에 있는 게 아니라 아주 가까이에 있다. 내일의 행복을 붙잡기 위해 오늘의 행복을 놓치지 말자.

인생은 과거, 현재, 미래로 이루어진다.

과거는 이미 지나갔고, 영원히 돌아오지 않으므로 즐거운 과거도, 슬픈 과거도 전부 떠나보내야 한다. 이것을 깨달은 사람은 과거에 집착하느라 어리석게 미래를 망치지 않는다.

오늘을 잘 지내는 것이 가장 큰 행복이며, 기쁨으로 하루하루를 살아야 한다. 내일 걱정으로 어제의 어두움을 잊지 못한다면, 오늘 원하는 삶을 살 수 없다. 또한 미래는 그 누구도 예측할 수 없는 미지의 세계다. 태어난 날은 알 수 있지만, 언제 죽을지는 아무도 모른다.

우리는 현재의 아름다운 시간을 붙잡아 오늘을 최고로 행복하게 살아야 한다. 우리의 삶을 찬란한 빛과 뜨거운 열정으로, 유한한 시간을 낭비하지 말고 맡겨진 일에 최선을 다해야 된다. 과거의 경험을 교훈삼아 현재를 더 풍요롭게 만들며, 아름다운 미래를 위한 초석을 날마다 다져가야 할 것이다. 슬픈 기억을 되새김하고 헛된 망상과 환상에 빠져 지내는 것이 아니라 현재 삶에 몰입하여 살도록 해야 한다. 오늘을 열심히 사는 자만이 내일을 준비할 수 있다.

내일의 그림을 그리는 사람은 아무렇게나 시간을 보내지 않는다. 나중이 비참하지 않기 위해, 더 가치 있는 인생을 살기 위하여, 나와 현재를 귀하게 여기며 아름다운 미래를 준비를 해야만 한다.

꿈은 우리로 하여금 매일 매 순간 미래의 자기 모습을 그릴 수 있도록 해준다. '오늘'에서 '미래'를 볼 뿐만 아니라 '미래'에서 '오늘'을 보게 한다.

현재가 행복해야 미래도 행복한 것이다. 미래의 가치에 대해 늘 준비해야 한다. 미래를 준비하는 사람은 지금이 행복하다.

미래는 기다리는 것이 아니라 창조하는 것이다. 미래에 투자하면 그날은 반드시 오게 된다.

인간은 생각하는 대로 행동하고, 행동하는 대로 이루어지는 존재이다.

과거에 대한 투자는 어리석지만 미래에 대한 투자는 충분한 가치가 있다. 지금 미래를 창조하면서 살고 있는지 가던 걸음을 멈추고 돌아보자.

엉뚱한 곳에서 허송세월을 보내지 말고 미래를 준비하자. 미래가 준비된 삶이야말로 기쁨이요, 행복자체다. 아무런 노력 없이 살다가는 후회할 날을 맞게 된다.

미래를 창조하기 위해서, 멋지고 아름다운 미래를 펼쳐나가기 위해서는 지식과 지혜와 경험을 쌓지 않으면 안 된다. 과거의 사고방식과 행동양식에서 벗어나 새로운 것을 끊임없이 배우고 도전해야 한다.

(08)
이미 이루어진 것처럼 끝에서 시작하자

　이미지화는 창조적인 삶을 살아가는 데 있어서 중대한 원리이다. 또한 성공적인 삶의 영원한 테마이기도 하다. 이미지화는 우리들이 상상할 수 없는 그 어떤 식으로든 문제해결이나 목표달성의 문을 열어준다. 하지만 문이 열린다고 해도 꿈의 실현을 위해서는 단련이나 결의, 끈기가 필요하다.

　꿈을 설정하고 목표와 시기를 정했다면 다음에는 드디어 잠재의식에 꿈을 입력하면 된다.

　대부분의 사람들은 환경과 실력이 성공에 있어서 중요하다고 생각한다. 그렇지만 자기암시를 통해서 성공한다는 것을 상상하고, 이미 이루어진 것처럼 느끼며, 이루어진 것과 같이 살아야 한다.

　이 시대는 학벌과 스펙을 많이 쌓았다 할지라도 성공하기란 쉽지 않다. 지금 당장 살아가는 것도 힘든데 성공이라는 말에 거부감을 가질 수도 있다.

이제 이루고 싶은 꿈, 성공의 자화상을 이미지화하자.

이미지트레이닝만으로 꿈이 이루어지는 것은 아니지만 자신감이 생기고 행동능력이 고양되어 쉽게 성공할 수 있다.

긍정적인 마음과 열정을 가지고 있으면 꿈이 확실하게 이루어진다. 이미지트레이닝은 이상적인 자신의 모습을 상상하는 것이다. 머피는 그 중요성에 대해 다음과 같이 설명하고 있다.

"당신의 꿈이 이루어진 모습을 마음속으로 그려보면서 그것이 실제로 존재한다고 믿어라. 당신은 꿈이 이루어지는 기쁨을 체감할 수 있다. '마음의 영화법'이라고 한다."

이 이미지트레이닝으로 꿈을 실현시킨 사람이 아주 많다.

자동차 왕 헨리 포드, 석유 왕 록펠러 등은 이미지트레이닝으로써 사업계획이 성공하는 모습을 생생하게 그려보았다고 한다.

우리도 꿈을 가지고 편안한 기분으로 이미지화하고 오감을 총동원하도록 하자. 이미지트레이닝을 즐거운 마음으로 하면 꿈이 실현되는 것은 시간문제이고 성공은 눈앞에 다가온다.

이미지트레이닝을 실행하면 잠재의식에 상념이 직접적으로 입력되기 쉽다.

"잠들기 전에 영국의 대학에 유학하여 학창생활을 즐기는 이미지를 상상하고 있었는데, 뜻하지 않게 삼촌이 재산을 물려주어 그 소원을 이루었다."

"별장에서 바캉스를 즐기는 장면을 이미지화했더니, 번역한 책이

베스트셀러가 되어 거액의 인세가 들어왔다. 그 돈으로 별장을 구입했다.”

이와 같이 이미지트레이닝 덕분에 뜻밖의 돈이 들어와 소원을 이룬 사람은 수없이 많다.

성공하는 사람들의 생각과 실행법칙을 따라 그대로 행동하면 된다. 이상적인 자신의 모습을 이미지화하고 거기에 근거한 행동을 반복하면 정말로 그렇게 될 것이라는 강한 믿음이 생긴다. 이 믿음이 모든 꿈을 이루게 해주고 운명을 바꾸어주는 거대한 에너지가 된다.

기도가 성취된 것을 실제로 그려보고 믿게 되면 잠재의식은 그것을 실현시켜준다. 목표물을 명확히 상상하면, 잠재의식의 기적 같은 힘이 당신의 기도를 실현시키는 것이다.

어느 분야에서나 성공한 사람들은 큰 결실을 맺은 모습을 미리 마음속에서 선명히 본 사람이다. 성공한 실업가들은, 자신의 사업이 성공한 상태를 머릿속으로 미리 선명하게 그렸던 사람들이다.

우리도 그들처럼 신념과 확신을 가지고, ‘성공’이라는 말을 반복해보자. 잠재의식이 그것을 진실이라고 받아들이면 잠재의식에 의해 결국은 성공하게 된다.

자신의 신념, 인상, 확신을 계속 유지한다면 결국 그대로 실현된다. 자신이 좋아하는 일을 하고, 원하는 것을 소유한 성공한 사람이 되어야 한다. 풍부한 상상력을 가지고 자신이 성공해 있는 마음속 상황으로 들어가야 한다. 그리고 그것을 습관화시키는 것이다.

성공한 사람들은 자신이 성공하는 상상을 지속했던 사람이다. 지속적인 상상이 잠재의식의 기적을 이끌어낸다.

작가가 되고 싶다면 꿈을 이루기 전부터 작가처럼 생각하고, 느끼고, 일해야 한다. 이것이 꿈을 이루는 유일한 방법이다. 생각이 실체가 되려면 우리의 생각회로가 실행되어 행동 회로와 연결되어야 한다. 목표를 이미 달성한 장면을 상상하면, 가장 쉽게 행동 회로와 연결시킬 수 있다. 상상을 통해 뇌의 GPS에 목적지를 효과적으로 프로그래밍할 수 있기 때문이다. 이렇게 되면 뇌는 목적지까지 가는 경로를 탐색하여 준비하게 된다.

디즈니랜드를 만든 월트 디즈니나 세계 최고의 호텔 체인을 만든 케몬스 윌슨, 그들의 시작은 남 보기에 '미친 짓'이었다. 하지만 그 결과는 아무도 상상할 수 없었던 '기적'이었다.

막연한 '꿈'이 아니라 강력한 현재적 확증을 잡아야 한다.

어느 날 갑자기 스타가 되는 것이 아니다.

비전Vision과 꿈Dream은 다르다. 꿈이 ' ~하고 싶은 것.', '~ 되고 싶은 것.'과 같은 막연한 바람이나 소망이라면, 비전은 '~까지는 반드시 ~할 것.', '~까지는 반드시 ~가 될 것.'처럼 기한이 있는 청사진이다. 미래의 일을 이미 일어난 일처럼 생생하고 구체적으로 자신의 머릿속에 영상화한 것이다.

된다는 믿음을 가진 사람과 갖지 않은 사람의 차이는 하늘과 땅 차이다. 그저 된다고 믿기만 해도 그러지 않는 사람과는 완전히 다른 결과를 얻게 된다. 그런 믿음을 가진 사람은 마치 객관적인 증거가 충분히 확보된 것처럼 미리 생각하고 미리 말하고 미리 행동한다.

누구나 승리자라고 믿으면 승리자처럼 행동한다. 승리자처럼 걷고 말하고 행동하면 승리자의 모습과 태도와 습관이 생긴다. 그러면 승리자가 되는 것이고 남들도 승리자로 대한다. 결국 세상사를 지배하는 것은 곧 마음이고, 믿음과 의지는 곧 창조나 다름없다.

'자기암시'란 자신이 이루고자 하는 것을 얻기 위해 마음속으로 이미 얻었다고 믿고 상상하는 것을 말한다.

우리의 뇌는 실제 상황과 상상을 구분하지 못한다. 따라서 계속 상상하고 시각화하면 꿈은 현실이 된다. 이미 이루어진 성공한 사람의 모습을 그리며 그 끝에서 결과를 만들어 놓고 시작하자. 계속해서 행동하게 되면 우주의 모든 미립자들은 그 꿈을 이루기 위해 움직이기 시작하며 성공을 이루게 되는 것이다.

내가 간절히 원하면 그만큼 속도가 빨라진다. 매일 꿈을 생생하게 상상하고 느끼며 끊임없이 노력하자.

끝에서 이미 이룬 모습을 하고 나머지를 채워 나가면 더 쉽게 그 모습을 갖출 수 있다. 그리고 이미 이루어진 것처럼 생생하게 상상하면 꿈은 현실이 된다.

이미 이루어진 끝에서 시작하자.

미래의 나는 태양처럼 눈부시게 빛나게 하여 최고의 인생이 펼쳐질 것이다.

우리의 뇌는 실제 상황과 상상을 구분하지 못한다. 따라서 계속 상상하고 시각화하면 꿈은 현실이 된다. 이미 이루어진 성공한 사람의 모습을 그리며 그 끝에서 결과를 만들어 놓고 시작하자. 계속해서 행동하게 되면 우주의 모든 미립자들은 그 꿈을 이루기 위해 움직이기 시작하며 성공을 이루게 되는 것이다.